公共安全应急管理指南丛书

应急演练实施指南

YINGJIYANLIANSHISHIZHINAN

李雪峰 ㊟编

中国人民大学出版社
· 北京 ·

公共安全应急管理指南丛书
编委会成员

李雪峰　游志斌
邹积亮　王彩平
董泽宇

前　言

应急演练是突发事件应对工作的重要组成部分，已经成为各级应急管理部门、应急救援队伍、基层社区的常规性工作。但是，目前我国应急演练的总体水平仍不够理想，具体表现为：演练模式上，展示型演练多、训练型演练少；演练方式上，随意性成分高、规范性程度低；演练质量上，粗糙的演练多、精致的演练少；演练效果上，走过场的多、认真总结的少。为了给各地切实提升应急演练水平提供必要的工具，本系列丛书从四个层面介绍科学的演练理念、规范的演练方法、实用的演练工具、可信的演练案例。

应急演练系列指南共包括四册：

- 第一册：《应急演练规划指南》
- 第二册：《应急演练准备指南》
- 第三册：《应急演练实施指南》
- 第四册：《应急演练评估指南》

本书是第三册：《应急演练实施指南》，意在为应急演练组织实施工作提供操作性指导。本书作为应急演练实施指南，是以导调过程为主线的，是对于演练组织方如何组织应急演练的方法与手段的介绍。本书分四个章节介绍其内容：

第一章“应急演练实施基础知识”介绍相关概念与原则。

第二章“应急演练实施基本方法”介绍典型的应急演练实施方法与流程。

第三章“应急演练实施工作表单”介绍有关的工作检核表。

第四章“应急演练实施实例展示”介绍有关实例。

作为推荐性指南，这里介绍的方法并不是要给实践者“立法”或居高临下式地予以“指导”，而是提供一种值得信赖的、可供参考的方法。

目 录

第一章　应急演练实施基础知识

第一节　应急演练角色

应急演练参与者有多种角色。

一、演练组织者

一般来说，演练组织者是负责设计演练、组织实施演练、组织评估演练的人员。演练组织方往往是一种项目式组织，如演练指挥部、演练领导小组、演练控制组、演练导调组等。

在应急演练实施过程中，演练组织者有催化师、导调员、导调官等。

（一）催化师

催化师是分析式桌面演练实施过程中的主持人。催化师，顾名思义，是推动演练进程向前发展，催化参演者积极参与演练的演练组织者。

催化师作为分析式桌面演练的组织者，要在演练进程中向参演者发出演练信息，提出演练要求，组织参演者开展讨论，启发参演者思考问题，鼓励参演者积极参与。在演练后组织参演者进行热反馈，开展深度反思。

要想高质量地完成演练培训任务，必须有受过良好教育且经验丰富的催化师。这对催化师的能力提出了较高的要求，如有较强的学习能力、有与他人分享成功的愿望、高度的责任感和相关领域的经验等。

（二）导调员

导调员是递进式桌面演练和交互式桌面演练实施过程中的组织者。导调员，顾名思义，是对演练进程进行导演、调控的人员。导调员有时也被称为控制员。在实际演练中，往往由多名导调员组成一个导调组负责演练的全部组织工作。

导调员作为演练的组织者，要在演练进程中，不断地向参演者发出动态事件信息，要调控信息流动的速度、节奏，决定根据实际情况发出的随机信息的内容。在交互式桌面演练中，导调员还要回应参演者所做出的反应。

导调员，尤其是主导调员要有丰富的突发事件应对经验和演练组织经验。

（三）导调官

在实战演练实施中，演练组织者被称为导调官或者演练指挥，其中的主要指挥者被称为演练总指挥。

由于实战演练要确保安全与秩序，演练导调官或者演练指挥不仅要像前述导调员那样对演练过程进行引导和控制，而且要对演练相关参与者“发号施令”，指挥演练按照既定的计划进行。

二、演练参演者

参演者负责扮演角色，完成被赋予的演练任务，获得演练目标所期望的能力提高方面的收益。在演练作为培训的一部分时，演练参演者又被称为参训者。

在桌面演练中，演练参演者主要是应急指挥部成员，或者包括指挥部的参谋人员、指挥部下设职能工作组的成员。在非成建制指挥部演练中，有关人员要扮演上述指挥部角色。

在实战演练中，参演者不仅包括应急指挥部人员，还包括现场处置与救援人员。

在较大规模的实战演练中，参演者可能分属总指挥部、现场指挥部、灾害处置现场、新闻发布现场等。

三、演练模拟员

演练模拟员是导调员与导调官的配合者，他们负责扮演演练中的需要参演者处置或应对的角色，例如指挥部之外的工作人员、记者、受灾人员等。有时候，演练导调员会兼职成为演练模拟员。

四、演练评估员

演练评估员是负责对演练参演者的行为进行评估的人员。最简单的分析式桌面演练可以不设评估员，而复杂的演练要设庞大的评估组。多场地演练要在每个演练场地设评估员。

五、演练观摩人员

演练观摩人员是对演练活动进行观察或学习的人员。这些人员要在不干扰参演者演练工作的前提下旁观演练过程。

第二节　应急演练过程

应急演练的实施是一个双重过程，其显性过程是参演人员的应急处置与救援过程；其隐性过程是演练组织方引导应急演练的导调（或控制）过程。前一个过程是目的，后一个过程是手段。

一、演练基本过程①

应急演练实施包括演练的启动或导入、演练正式实施、演练结束或终止、演练后热反馈等环节。

（一）演练启动或导入

演练首先需要有启动环节，或者由组织者进行导入性介绍。如果是有通知的演练，则要有正式或非正式的启动仪式。如果是没有通知的演练，则要有警报或事件启动程序。

（二）演练正式实施

演练正式实施，即按照计划组织演练实施过程。其中既包括按计划的脚本实施，也包括临机的局部调整。

（三）演练结束或终止

要有正式宣布演练结束的程序。或者按照事先约定，如果出现真正的突发事件或其他情况，提前终止演练。

（四）演练后热反馈

演练后热反馈是获得各方反馈和相互学习的最好时机。这种总结，往往以参演者发言为主。组织方的发言主要是阐述事实，并在此基础上以表扬和肯定为主，对演练情况作出初步评价。

① 摘自《应急演练规划指南》的第一部分。为展现内容的完整性，摘录于此。

二、参演过程

参演过程是参演者模拟突发事件处置的事件过程。在演练中，参演过程有两个方面的特点：

第一，贴近突发事件应对的实际，但不完全与实际相同。参演者既要按照突发事件应对的要求和逻辑进行演练，也要根据演练设计的要求，将其行动聚焦于特定的方面，或者限定在特定的范围。

第二，既有一定的应对突发事件的主动权，又要在组织方的调控之下。参演者要积极主动地应对所面临的模拟突发事件，同时要接受演练催化师的建议，或者演练导调员的引导，或者演练导调官的指挥。

三、演练催化与导调过程

作为演练的主动引领过程，演练催化与导调过程的工作质量决定着演练的质量高低。在不同类型的演练中，催化与导调的作用与要求不尽相同。总体上，该过程的关键点有下述四个方面。

（一）观察和判断

在演练过程中，演练组织者（催化师、导调员、导调官）要密切观察演练进程中的参演者行为，对其行为是否符合演练要求作出判定。

（二）反馈与指导

演练组织者应在必要时，对参演者给予积极的反馈或其他认为有用的信息反馈。在参演者遇到可能会影响演练质量的问题时，给予必要的帮助。

（三）执行与调整

一方面，演练组织者要执行演练计划，按照计划推动参演者逐一完成演练任务；另一方面，还要在必要时，对演练的进程、节奏、内容等进行微调。

（四）管理与控制

演练组织者要对演练的环境进行管理，对演练安全与秩序进行控制。要确保参演者在适宜的环境中开展演练。

第二章　应急演练实施基本方法

第一节　简单桌面演练实施

简单桌面演练实施指的是经过充分的前期准备之后，根据所设定的培训目标，由催化师和参演者一起，通常在一个会议室内就完成了的整个推演过程。

一、演练实施主体

简单桌面演练的实施由催化师和参演者共同来完成。

在简单桌面演练中，参演者是演练实施的主体，他们的需求、期望和参与程度（而不是知识技能）决定着演练实施效果，而催化师则扮演着推动者的角色。

（一）催化师

简单桌面演练可以由一至两位催化师实施。如果是两位催化师，则一位催化师负责整个推演过程的掌控和评估，对演练起领导作用。他要观察整个演练过程，发现问题随时记录并带领参演者进行内部讨论，调整和推动推演的进程。另一位催化师负责协助组织演练活动。

（二）参演者

如果是成建制指挥部的演练，参演者在演练中承担自己实际工作中的那部分工作职责。如果不是成建制指挥部的演练，则参演者就需要分别扮演指挥部中领导人员的角色，如分别担任某地应急指挥部的总指挥，以及综合协调组组长、救援组组长、后勤组组长、治安组组长、医疗组组长、宣传组组长、交通组组长等。

一些特殊的灾情场景的演练可能会根据需要和预案规定设立更多的职能小组，如在传染病场景的演练中增设防疫组、畜牧兽医组等。

在角色设定后、正式演练前，催化师要组织参演者按照角色要求明确各个角色在指挥部中承担的主要工作职责和所享有的权限范围。

通常，推演开始前，催化师需要对没有经验的指挥长进行简单的辅导，为其讲解工作重点与职责。讲解时无须长篇大论，点到即可。

如果参演者较多，演练前要将所有参演者分成 2～3 个平行的演练小组，即成立 2～3 个平行的指挥部。然后由各指挥部内部确定指挥长及各成员角色，也可由催化师为参演者指定角色。

（三）评估员

简单桌面演练通常不设专门的评估员。有的演练因参与人数较多或希望事后做详细的、全方位评估，则可以设评估员。

二、演练导入

在简单桌面演练开始之前，催化师首先要向参演者介绍本次演练的相关背景知识、演练的目标、演练的内容框架，以及参演者在演练中需要注意的事项等；然后介绍演练方法；最后发布初始场景。

（一）背景介绍

演练组织方通常采用多媒体向参演者介绍演练背景。一般先由演练计划小组或主办机构的代表简短致辞，并/或由有关领导简短致辞。在开场致辞之后，进入由催化师进行简要的演练背景介绍和解释的阶段。在这一阶段，向出席人员介绍其他的催化师或评估员；告知每个人的职责分工。

（二）方法介绍

1. 介绍推演方法

催化师需要紧紧结合演练目标来确定选择哪些方法进行简单桌面演练，并通过讲解示范、练习等方式使参演者掌握这些演练方法。

2. 介绍演练工具的使用方法

如果需要，在介绍完推演方法之后，催化师还需要向参演者介绍有关演练工具的使用方法。这些工具可能包括记录纸卡或应用软件等。

（三）初始场景发布

催化师应运用视频、文字等多种方式，向参演者发布简单桌面演练的初始场景，介绍事件背景，说明召集指挥部会议的目的，讲解任务要求。

一般来说，初始场景发布时间应控制在 15 分钟之内。如事件特别复杂或者不为参演者所熟悉，则需要留出足够的时间让参演者充分熟悉。

（四）演练导入的注意事项

桌面演练开篇要醒目，导入行动要能够引起参演者的高度注意，知道什么事将要发生，并感觉到在这样的环境中是非常舒适的。一场成功的桌面演练应注意以下几点：

（1）欢迎参演者。首先要热烈欢迎参演者，以真诚的态度让他们感到轻松自在。

（2）清晰告知必要事项。这包括清晰阐述如下信息：演练目的和演练目标、演练基本规则与程序、演练场景的简要说明。

（3）打破沉默。尝试在演练开始阶段就对一两位高级官员或小组提出有针对性、有吸引力，同时也容易回答的问题，以打破沉默。

三、演练推进

初始场景发布后进入演练推进阶段，即参演者针对初始场景进行模拟会商研判和应急处置，开展突发事件应对活动。

（一）演练过程

简单桌面演练侧重于对应急决策方法的学习掌握，其实质是对此前所介绍的满意决策模式的体验式学习。典型的桌面演练在半天内，只针对一个初始场景进行详尽的集体分析讨论，并在此基础上尽量作出全面、周密的决策。

简单桌面演练通常可分为四个阶段，如图 2－1 所示。

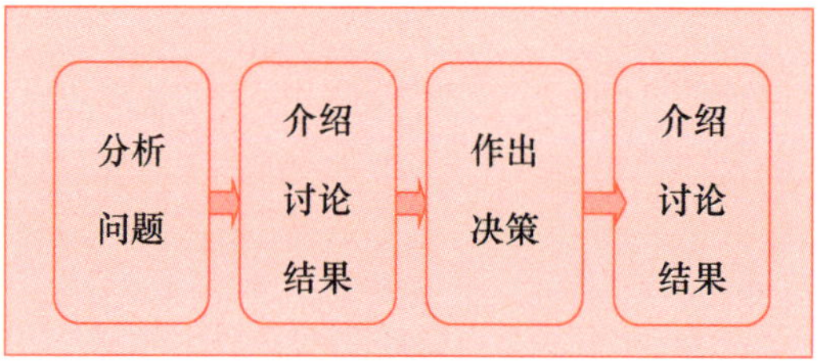

图 2－1　简单桌面演练活动的四个阶段

第一阶段：分析问题，参演者根据初始场景提出需要解决的问题，对问题进行归类并确定要解决问题的优先次序；

第二阶段：各组参演者代表介绍讨论结果；

第三阶段：参演者讨论解决问题的措施，作出决策；

第四阶段：各组参演者代表介绍讨论结果。

通过四个阶段的划分，能够有效地帮助催化师掌控整个简单桌面演练的时间。

在四个阶段工作中，第一、三阶段最为关键。在真正的突发事件发生后，指挥部成员之间的讨论是一个沟通、协调和作出决策的过程，而演练的目的也就是训练参演者体验和优化上述过程，就是要找到更好的解决问题的方法来应对突发事件。在演练中，某个部门所作的决策可能不仅会影响到本部门，还会影响到其他部门，而对其他部门的影响又会影响到本部门下一步的决策。由此可见，对一个指挥部来说，演练时有两点很重要：第一，各个部门负责人之间要进行充分的沟通，实现信息的共享、交流；第二，指挥部全体成员集思广益地作出集体决策。

小组讨论成果汇报活动中通常要注意以下几点：

- 汇报者要面对大家站立，与全体参演者进行目光交流；
- 发言代表汇报的是小组意见而不是个人意见；
- 可用角色扮演等方法增强展示的生动性；
- 不做冗长的解释；
- 发言后可请本组其他人员补充。

（二）演练现场组织

演练现场组织的方法有主持人组织讨论和自主讨论两种。

1. 主持人组织讨论

主持人组织讨论可以在参演者全体讨论的时候进行，也可以在分组讨论的时候进行（分组讨论有属于同一个应急指挥部的不同功能组的分组方式，也有若干平行指挥部的分组方式）。不论哪种方式，主持人或催化师负责确保讨论要针对演练目标，确保在设定时间内对所有问题进行探讨。好的催化师应具备以下条件：

（1）保持讨论不脱离主题，在限定的时间内完成；

（2）能够尽量减少与个别参演者单独交流；

（3）能够控制演练小组中表现欲过强的人，有能力对话题自信地进行讨论，同时又不刻意主导对话；

（4）拥有丰富的相关领域专长或经验；

（5）对相关的预案和程序有深入的理解；

（6）能够认真聆听和总结参演者的讨论。

如果可行，对当地问题、预案和程序熟悉的辅助催化师可以协助首席催化师。此外，还可以指定记录员做演练观察笔记，使催化师把注意力集中在主要讨论的问题上。

2. 自主讨论

自主讨论一般安排在分组讨论之中，由参演小组的负责人组织大家讨论。

在自主讨论前，要选定发言人，这样他或她就可以为代表小组发言做好充分准备。

在每一个自主讨论阶段，参演小组只应关注给定的模块所呈现的材料。

在自主讨论后，每个小组的代表要向全体参演人员总结讨论内容，介绍主要发现的问题，讨论尚未解决的问题或疑问。

四、演练催化

研讨式和递进式桌面演练提供了以团队方式解决问题的轻松环境。与交互式桌面演练那种相互博弈的形式不同，这两种桌面演练主要受控于催化师。催化师要承担许多职责，具体包括：

（1）提供演练信息。

（2）激励每一位参演者——刺激讨论，从参演小组的讨论中发现问题答案和解决方法（而非向他们提供结果）。

（3）促进深层次问题的解决。

（4）控制桌面演练的速度和进程，并适时发布相关信息。

催化师必须具备优秀的沟通技巧，了解相关应急预案、应急组织职责。通常认为催化师是桌面演练的领导者，但其职责其实很宽泛。在此，列举一些主持桌面演练的指导原则。

（一）提供问题与信息

研讨式和递进式桌面演练可以没有严密的组织结构，因此问题提出可以有很多种方式：

（1）口头介绍全部问题，让小组逐一进行讨论。

（2）先口头向某个参演的个人介绍问题，再由该角色告知参演小组，进行小组公开讨论。

（3）把详细事件（问题）及相关的讨论问题打印出来发给每个人，让每个人从自己组织和职能的角度回答，然后在小组中讨论。

（4）向演练参加者口头发送指令信息。即主持人向参演人员逐一提出问题信息，然后参演小组以应急预案或其他行动计划为指导，讨论这些问题。如果需要其他补充信息，可以适时导入这些信息，然后小组确认这些信息并继续开展讨论。

（5）分别向不同的参演者提供不同的问题信息。首先，演练参演者独自处理收到的信息，并代表其所属组织分别作出决定。然后，参演者聚集在一起工作，共同进一步分析信息，并协调彼此的决定，拿出集体决策意见。

有些催化师喜欢将上述方法结合使用。例如，演练开始时，催化师将全部问题分配给各主要参演者，然后将另外一些信息分多次逐一分发给其他参演者。

（二）使每一位参演者都参与讨论

就桌面演练而言，使每一位参演者都参与讨论是至关重要的。不应让某个人或某个组织主宰一场桌面演练的讨论。使参演者都参与到演练中是催化师的重要职责，催化师可通过如下努力尽可能让参演者充分参与：

1. 充分的事前准备

（1）事先准备好信息，使所有参演者都必须面对某些问题或困难；

（2）认真开发和研读相关的演练文件。

2. 鼓励参与

（1）精心组织所有信息，以便所有参演小组都能致力于应对一个问题；

（2）强调演练环境的私密性，告诫大家不要将演练中的某个人的言行当作故事外传；

（3）对各小组以及每个成员都要一视同仁；

（4）对沉默寡言的参演者多给予鼓励；

（5）示范并鼓励参演者做出催化师希望得到的行为；

（6）多用眼神交流；

（7）以积极的态度肯定参演者的观点；

（8）在参演者热烈讨论解决方案时，避免引入误导性信息，因为这通常会阻碍讨论的进行；

（9）绝对不能说："我已经告诉你了！"

3. 发动大家

（1）尽量从参演者那里寻找答案（如果参演者发现人们在专注倾听并同情他们时，他们会更愿意参与）；

（2）要让小组成员彼此讨论，而不是和催化师交谈；

（3）知道什么时候保持沉默，不要回答太多问题；

（4）不要让大家把讨论的过程、问题或建议的所有权交给自己；

（5）不要在参演者冥思苦想时突然给出正确答案。

（三）解决深层次问题

桌面演练的目的是以小组形式解决实际问题或制定决策方案。这就意味着，要真正深入地解决问题，而不是做表面文章。

参演人员遇到某些非常棘手的问题时，有时候会选择回避。这时候，多花一些时间来解决问题，而不急于讨论下一个问题或信息，是明智的做法。

一些催化师往往犯这样的错误：他们认为应该尽可能快地开展演练方案，必须完成所有的演练目标，并且处理掉所有的信息。然而，如果不能解决所有问题的话，那并不是一条好途径。

因此，如果花费一定时间来解决一个大问题，同时保持所有参演者的热情，那么这场桌面演练就是成功的。应该避免参演者作出肤浅的结论。要通过一组精心选择的、开放式的问题，保持讨论持续进行，并获得合乎逻辑的结论。

可以说，能否推动参演者深度解决问题是决定演练成败的关键。催化师在这方面的技巧有：

1. 演练前，设计有深度的问题

（1）认真设计开放式问题；

（2）提出有助于参演者思考深层次原因的问题。

2. 演练时，不急于赶进度

（1）有条不紊地组织研讨；

（2）当充分完成一项研讨任务后，再进入下一项；

（3）急于进行完整的场景分析、处理完所有信息、实现所有目标并不是好的思路。

3. 演练时，催化问题的解决

（1）层层设问、追问，促进参演者思考；

（2）推动参演者超越肤浅的解决方案，寻找深层次解决问题之道。

（四）控制桌面演练的步调

为保持参演者的高度热情，并让每一位参演者都能积极参与到桌面演练讨论中，催化师应该努力控制桌面演练活动的步调。为此，催化师要设法控制好演练的节奏和进程，使演练能够按照既定方案持续下去，努力做到下述几点。

1. 进程控制

（1）设计多个事件发展阶段。要设置多个演练信息导入阶段。以多个阶段性事件设置演练说明（例如，最初演练信息是关于警报的，接着可能是关于搜索和救援的）。在对前一个问题的讨论接近尾声时，开始介绍下一部分。

（2）保持各阶段用时、用力平衡，保持演练进程的平衡。如果就某一问题展开过度讨论，以及进度太快而不能在解决任何问题之间保持平衡，应该毫不犹豫地严格控制演练进度。

2. 方向控制

（1）需要时，进一步提供重要的问题点或信息；

（2）必要时，再次强调和指明演练的方向。

3. 氛围控制

（1）变换速度，困难时放慢速度，松弛时加快速度。可以通过增加或删减演练信息来调节演练活动的速度。偶尔，也可以同时提供两条或多条信息来加快速度和提高参演者的兴趣。

（2）注意应对参演者的挫折感或争执迹象。要时刻关注演练活动中出现的挫折感与冲突现象。桌面演练只是一种基础训练，而非实战检测。如果觉察到讨论受阻或引发冲突，催化师应该暂停演练。催化师应该发挥其作为讨论领导者的作用，帮助参演者解决冲突，并使他们感到轻松自在。

（五）管理参演者

在演练过程中，不仅要把过程控制好，也要把参演者管理好。催化师应做到以下几点：

（1）保持中立、客观、公平；

（2）面向所有参演者，不要只关注部分人员；

（3）无论何时，都要让大家参与进来；

（4）不要害怕打断那些跑题或东拉西扯的参演人员；

（5）在面向个人提问时，要叫出其名字。

（六）自我管理

在演练过程中，除了管理好演练过程和参演者，催化师也要管理好自己，优化自己的行为。

（1）注意按照既定的规则行事；

（2）尊重茶歇、午餐和结束的时间安排；

（3）保持自然、低调、稳重；

（4）聚焦于演练任务；

（5）使注意力集中在如何推动参演者执行关键任务上；

（6）记录下重要观点与事实，保持关注讨论中的演练目标、核心能力、能力目标和关键任务的实现情况，帮助评估员收集相关数据；

（7）机动灵活，因地制宜。

第二节　复杂桌面演练实施

一、演练实施主体

复杂桌面演练的组织者主要有导调员、模拟员、技术支持人员。其中，导调员是对参演人员进行引导、对演练进程进行调控的人员，是演练的真正控制者；模拟员是扮演演练场外角色的人员，主要在导调员的领导下工作；技术支持人员是对演练现场的软、硬件系统进行操控、提供技术保障的人员。

在一个小型演练中，可由少数几个人来担任导调员、模拟员。但在大规模演练中，则需要更多的人来担任这些角色。

（一）导调员

1. 导调员的构成

导调员通常是由若干人组成的导调团队，或称为导调组。导调员是复杂桌面演练的核心组织者，往往也是演练的前期设计开发者。

如果演练时间较短，内容结构较为简单，导调员能力较强，则导调员可以由一人担任；如果演练是在一个单一演练地点（包括一个楼宇内的多个房间）进行，导调员可以是一个导调组；如果演练分布在多个地点（如多个不同的城市），则导调员需要分为多个导调组，分别对各个不同地点的参演人员进行导调。

导调员的统一领导者称为总导调或导调组长。如果有多个导调组，则各导调组要分别设立导调组长，导调组长之上设总导调。总导调之下可设总导调助理或副总导调。

导调员通常可从演练设计团队中选拔。由于演练设计团队人员对演练非常熟悉，因此他们能确保演练任务顺利实施并使演练达到预期效果。

此外，在演练现场，还需要有演练主持人，负责站在前台对参演者进行指导。演练主持人可以由总导调担任，也可以单独设立。一般来说，单独设立的演练主持人要接受总导调的统一领导。

2. 导调员的职责

导调员要监控演练的总体实施情况，确保演练按计划进行，并实现演练预期目标。

导调员必须从整体上监控演练，并能够对演练进程作出快速思考和判断。有时候，参演者会脱离演练方案的安排，做出一些出乎意料的举动。此时，导调员必须及时对此做出应对。

导调员的主要职责包括：

（1）确保模拟人员在演练之前得到适当的培训；

（2）引导参演人员进入演练情境中；

（3）提出演练的具体要求；

（4）以主情境事件表为依据，监控事件的发展进程，管理信息的输入；

（5）在演练偏离方向时，作出增加随机信息的决策；

（6）根据需要适时调节演练速度，当演练拖沓或受阻时输入更多必要信息，当演练进程混乱时省略一些可有可无的信息；

（7）在整个演练中确保有序性和专业性。

3. 导调准备

为了对演练做好恰当准备，导调员应该拥有下述材料：

（1）演练目标清单；

（2）演练信息；

（3）参演者名单；

（4）辖区或组织可用的应急资源清单。

就导调人员而言，演练前作一个简短的情况说明，以确定组成人员，往往非常有用。之后，导调员应该对模拟员进行适当培训，以确保他们熟悉演练情景、演练目标和所需资源，理解所要传送的信息。

4. 导调员的工作规则

导调员是演练导调组的中坚力量。其基本职责是在总导调的统一指挥协调下，具体指导各模拟员向参演者传递信息，并组织模拟员回应参演者信息。其工作目标是使整个演练过程成为一个有机衔接的整体，实现演练目的。

导调员的工作流程是：

（1）明确规则。在总体演练导入后、正式演练开始前，向模拟员介绍模拟员行为规则：听从导调员安排，在导调员同意的情况下发出模拟信息；接收参演者反馈信息时，要填写回复内容；接收参演者新信息时，要先做记录，然后报告导调员，经商量得出一致意见后再回复。

（2）熟悉信息。给模拟员分别发放导调信息，引导模拟员准确理解该信息的内容和意图，提示模拟员可以根据自己的正确理解修改该信息。必要时，给模拟员留出修改时间和提供指导。

（3）批准发信。批准模拟员发出信息。

（4）控制回复。模拟员接收信息后，及时掌握接收内容，与模拟员共同研究回复内容，达成共识后请模拟员回复。

（5）控制随机信息。如有必要，引导模拟员临场编写新的信息，经共同商讨达成共识后发出。

总体上，导调员要在总导调的领导下，注意控制信息发出的节奏和整体过程。

（二）模拟员

模拟员主要模拟各种参演指挥部以外的角色，是演练的重要参与力量。模拟员可以来自参演机构，也可以来自其他有关方面。

1. 模拟员的角色

模拟员是指那些为了营造一个真实的环境，在演练现场与参演者进行配合的人员。他们通过传递相关信息来行使职责。这里的信息是指那些需要参演者采取行动的事件或问题的描述。其中，一些信息是提前制定好的，其他信息是根据参演者作出的决策而产生的即时反应性信息。为了营造一个真实的环境，模拟人员通常扮演那些需要与演练人员相互交流的行动中心组织。模拟人员主要通过电话、广播、电视等手段发布信息。

2. 模拟员的职责

模拟员主要模拟应急指挥中心以外的组织或个人，他们的工作主要包括：

（1）根据事态发展的既定时间顺序，以市民或组织机构成员等外部角色的身份发出请求或要求的信息。

（2）模拟有关角色报告某些组织机构所采取的各种行动。

（3）发布必要的随机信息。在某些时候，模拟员需要给出随机应变的（未事先设计的）信息。例如：当某一参演者提出更多的信息要求时，模拟员就要提供必要的信息；当指挥部成员发布的指令未达到预期要求时，模拟员就要发出新的信息引导其作出应有的决策；当某一参演者的决策与设计的形势发展无关时，模拟员要通过适当的信息引导其回到正确的轨道上。

（4）就演练中出现的与设计情景的偏差或特殊问题及时与导调员联系。

此外，应向参演者提供演练通讯录，通讯录上列出模拟员扮演的每个模拟的组织机构的联系信息。

3. 模拟员的选择

模拟员必须能够理解演练脚本的内容，能够根据所描述的突发事件形势聪明睿智地发布相应的既定信息和随机信息。他们必须要熟悉所模拟的组织、所要模拟的事件和所要发出的信息。因此，从所扮演的组织和/或演练设计团队中挑选模拟员是非常好的选择。

对于一场演练所需要的模拟员的具体数量，很难给出一个确切数字。模拟员的数量应根据下述情况来确定：

（1）参演者的数量。参演者越多，相应的模拟员也越多。

（2）演练时间的长短。演练时间长，就需要更多的模拟员。

（3）模拟员的知识和能力。能干的模拟员一个人可以表演多个角色。

（4）通信的便利性。若通信方便，就可以适当减少模拟员的数量。

为了取得更好的演练效果，应急指挥部中每个机构都至少要选派一名模拟员，该人员将以该组织场外角色的身份向场内发出指令。此外，还应该有人去扮演市民或其他个体组织。

4. 模拟员的组织

为了使演练简化、易于组织，可以依据角色性质给模拟员编组。例如，可以将模拟员分成以下三组：

（1）未参加演练的政府机构代表；

（2）参加演练的机构场外代表：参与演练的一些组织（公安、消防、公用工程等）的现场指挥部成员，医疗组织和其他相关组织的事件现场负责人等；

(3) 其他私人机构和个人的代表，如市民和非政府组织代表。

表 2－1 介绍了这种方法的具体使用情况。

表 2－1 模拟员的模拟对象

没有参加演练的机构	参加演练的组织	其他组织或个人
1 人或 2 人模拟： 中央政府应急官员 省市政府应急官员 县政府应急官员 其他城市应急官员 民政部门官员 救援部门官员	1 人模拟 1 个组织： 市级部门或机构人员 县级部门人员 医疗/卫生服务部门人员 志愿者组织人员	1 人或 2 人模拟： 工业企业人员 商业企业人员 新闻媒体人员 市民

(三) 参演者

复杂桌面演练中的参演者是那些作出重要决策或处于协调员位置的人，他们通常会在应急指挥中心履行职责。

1. 决策者

关键决策者通常包括政府和主要应对组织的领导人：市长或其他主要行政领导，以及各突发事件应对部门的领导与协调人，如消防部门、公安部门、卫生部门、应急办等。在非政府组织里，首席执行官及其他组织的领导将会参与进来，并承担决策任务。

2. 协调和行动者

综合协调组和具体行动组的人员来自不同的部门，他们与决策者一起工作。在大型演练中，要安排专门的行动组来执行指令。在小型演练中，协调和行动职责由决策者承担。

在确定需要挑选哪些人参加演练时，最好的参考指南就是应急预案。

3. 参演者的职责

参演者的工作是要像面对真实突发事件时一样，在演练过程中对自己收到的信息开展响应行动。所有的决策和行动都必须实时展现，形成真实的突发事件应对结果。

（四）评估员

评估员需要观察演练人员所采取的行动和作出的决定，以便在演练后报告演练人员的表现：哪些做得好，哪些做得不好。为此，评估员必须熟悉演练目标、演练情景，以及参与演练的辖区或组织。

评估员的主要职责有：

（1）观察演练进程并进行记录（通常依据预先准备的评估表），同时应该注意演练中不易察觉的问题。

（2）记录演练目标是如何更好地实现的，并试着查明演练目标未能实现的问题所在。

（3）对演练人员所采取的行动进行评估，而非演练人员本身。以文本形式记录所观察到的积极的和/或消极的方面。

（4）演练过程中出现的任何问题都要告知导调员。

（5）准备简短的书面意见，这些将会列入由应急管理者或其他责任人准备的最终评估和建议报告。

对于评估员的评估工作，具体请参见《应急演练评估指南》。

二、演练导入和现场反馈

复杂桌面演练的目的是通过具体的情景模拟，使参演者学习体验突发事件应对的决策和指挥过程，提高相应的能力。所以，演练主持人要引导参演者在演练过程中既要全身心投入、身临其境，也要把重点放在学习指挥部处理问题的流程上。要让参演者注意体会在复杂条件和压力环境下如何有效决策、沟通与协调。

在演练过程中，要有一名演练现场的主持人，其任务是独自或与其他组织者一起，在演练开始时进行演练导入，在演练过程中给参演者以及时和必要的反馈。演练现场主持人由总导调或副总导调担任。演练导入是在演练之前的一切活动的总称，其主要目标是使参演者准备就绪。现场反馈主要是及时回应参演者提出的问题或主动给参演者以必要的指导。

(一) 复杂桌面演练的启动

复杂桌面演练的启动取决于演练目标的界定。如果演练目标之一是检验突发事件初期信息通报功能，那么“不通报”启动时间是非常必要的。在这种情况下，参演者仅获悉演练的大致时间安排，即只知道在未来某个时间段会进行演练，演练开始的准确时间是保密的，这样演练评估员可以观察到信息通报情况和人员向指挥地集合的效率。

若突发事件初期信息通报不是演练的目标之一，那么演练的时间通常会提前告知。

(二) 引导参演者进入演练环境

参演者和来宾来到演练会议室这样一个新环境，需要一个熟悉的过程。演练主持人要引导大家：

第一，每个人要坐到自己所扮演角色的位置上。这就需要安排有关工作人员在合适的地方站好位，引导参演者到自己所扮演角色所在的位置上坐好。

第二，设备设施使用说明。有关工作表单、白板、电话机、传真机、打印机、计算机等如何使用，都需要一一交代清楚。

第二，设备测试。电子设备（如电话、计算机等）要当场试用。有问题要及时予以解决。

第四，人员与设备设施对应。由哪个角色负责哪种设备设施的使用，要一一核对。

(三) 介绍演练活动和要求

1. 演练总体情况介绍

待外围工作做好之后，演练主持人要对演练所需的一切背景信息有序地作出交代。演练参加人员也许会在仅仅模糊地知道可能有什么事情发生的情况下来到复杂桌面演练现场。因此，若要使演练更加成功，演练主持人需要对有关情况进行大致介绍。有的情况如果在事先安排的预备会①上已经进行了讲解，这里就可以简要带过。通常演练主持人需要做以下工作：

（1）本次演练的总体介绍。其中包括：演练目的、演练目标、演练活动框架安排。

（2）演练方法的简要讲解（如有必要）。对没有掌握基本演练方法的参演者进行培训，包括形势分析研判方法、决策流程、沟通协调方法与要求等。

（3）突发事件描述和知识讲解。根据演练需要，演练主持人可借助多媒体资料向参演者进行突发事件描述和相关知识的介绍。

（4）在介绍情况时需要给参演者发放演练背景材料，使每个指挥部成员了解应急预案和指挥部组织框架，同时也了解自己的职责。

需要注意的是，情况简介一定要简短，应尽量避免干扰演练氛围。

2. 明确演练规则

对参演者讲明演练规则是演练导入时要明确阐释的环节。通常需要说明以下要求：

（1）演练假设。参演者要假设演练场景是真实发生的，在演练过程中不要质疑场景是否真实。

（2）演练要求。需要参演者明了“认真演练、注重细节、细心体会、团队合作”等细节要求。

（3）演练终止。必要时（如发生了真正的突发事件），要由演练主持人决定和宣布终止演练。

（四）导入演练信息

复杂桌面演练通常是以初始场景说明开始的，可以是大声读出初始信息，也可以是通过视频、演练软件系统、幻灯片来呈现，或是通过发

---

① 在必要时，复杂桌面演练可以召开演练预备会。关于演练预备会请参阅下一节的相关内容。

放文本的形式来呈现。

（五）演练主持人反馈

及时反馈的目的是帮助参演者解惑和改进，因此反馈是一项贯穿演练全程的工作，演练主持人和其他工作人员应把握好如下两个方面。

1. 随时随地反馈

对于参演者在演练中出现的问题或提出的问题，如果会影响演练方向和行为质量，演练主持人应随时随地给予言简意赅的指导。而对于需要他们通过自己的实践深入领会的某些问题，则应容忍他们采取不够完善的自主行动，而等到总体反思时再做点评、指导。

2. 阶段性反馈

对于持续时间较长的演练，演练主持人可能需要在每隔一段时间（如 2～4 小时）使演练停顿下来，就演练过程中需要注意的问题给予参演者及时的反馈、指导。

三、演练推进

指挥部要在场景信息引导下开展下述五项工作。

（一）信息接收和索取

信息接收是指演练指挥部成员按照要求接收信息、记录信息，向指挥部其他人员传递信息。信息索取是指在需要进一步信息时，向外部人员（通常联系导调组所扮演的角色）索要有关信息。

（二）形势研判

指挥部成员采用多角度思考法、前瞻分析法、头脑风暴法等对突发事件进行分析，并通过分类排序进行形势研判。

（三）作出应急决策

指挥部成员采用预案匹配法、案例推理法、多目标抉择法等应急决策方法，通过集体研究作出决策。

（四）指挥与协调

指挥部在作出决策后，应当发出指令，实施指挥行动。在此过程中，要协调指挥部内外关系，化解在应急处置过程中产生的冲突和矛盾。

（五）沟通与宣传

指挥部在上述处置活动过程中，应主动进行内外部沟通（如发起内部临时会议和磋商，召开新闻发布会和接受媒体采访），并在需要时把对公众的宣传鼓动意见传递出去。

四、演练导调

（一）演练导调的职责与技巧

1. 导调的主要任务

为了使指挥部在突发事件及各种压力情况下，工作仍然能够合理和有序地进行，能够找出解决问题的有效办法，导调工作（即演练控制）至关重要。导调的目的是通过传递动态信息等手段，让参加演练的指挥部对动态信息作出反应，引发指挥部内的沟通、交流和讨论，让参与人员行动起来。在演练过程中指挥部与导调组之间的信息沟通是双向、互动的过程，如图 2－2 所示。

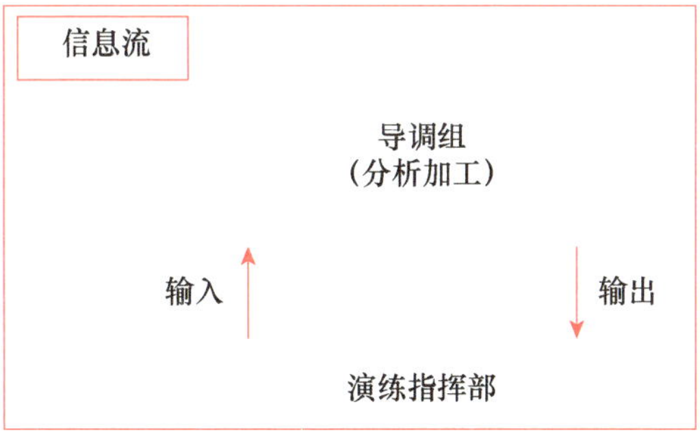

图 2－2　导调过程中的信息流

演练导调员可通过调节信息流来控制演练进度，在演练过于忙乱时放慢进程，在演练进行得过慢时加快进程。导调员也可以拉平所有参演者的进度。需要注意的是：一个涣散的参演小组会影响其他小组并降低整个演练强度，为了避免这种情况发生，就要确保发布均衡的信息流。

2. 导调组的职责

导调组所承担的职责包括三个方面：

第一，主动发出信息。从给出初始场景开始，导调组要准备好不断发出新的、需要指挥部作出回应的信息。这里导调组必须要清楚一点，其任务是对复杂桌面演练进行控制，而不仅仅是向指挥部不停地发出信息条。要根据演练实际推进情况，发出事先设计好的信息条，或者灵活地作出调整，如修改、增加、删减信息条。

第二，回应指挥部的信息。演练中，指挥部在处理突发事件时，需要与外部沟通以获取额外的信息，或者向上级、同级指挥部提出援助申请，向下级部门发布命令。这些内容要以信息输出的方式写成书面文字，然后传递出去（到导调组）。这些演练信息被传递到导调组后，导调员将根据情况扮演某个角色来回复输出信息中所提出的各种问题，或向指挥部传递新的事件发展的信息。

这里需要注意的是：导调组各个成员要随时就准备发出的演练信息内容进行必要的讨论。如果出现不合理、不现实和不专业的信息，说明导调组的工作是有失误的。

第三，导调组在对复杂桌面演练进行控制的同时，还要观察复杂桌面演练的情况，为后期做评估提供一些支持性的信息。

3. 导调技巧

导调组通过设计信息条来实现对演练的控制，需要掌握以下几个技巧：

第一，导调组控制复杂桌面演练的走向，要从易到难。不要演练一开始就突然涉及大的突发事件场景，以避免指挥部因需要突然作出一个决策而手足无措。

第二，控制演练节奏。催化师除了掌控演练的整体过程，还要注意某些演练环节的进度。演练中发送信息条的速度要根据指挥部的工作情况来定。一方面，不能够给指挥部过多的压力。如果信息条发送时间间隔过于密集，指挥部就没有足够的时间对某一个信息进行分析和决策。过多的压力可能会导致指挥部不能较好地完成任务，对形势的分析处置不到位。另一方面，也不能让参演者无事可做。如果该指挥部参加过多次演练，可以加大演练难度，如：有意设计错误的收件人信息，看指挥部是否意识到这个信息是错误的，如何进行处理；设计不同的、小的、零碎的信息，大量发送给指挥部，看指挥部是否有能力对这些信息进行梳理。

第三，信息条设计要相互关联。信息条之间要有关联性，对于临时增加的新的信息条，要考虑到与之前给出的信息不能自相矛盾。

第四，把握演练方向。如果复杂桌面演练方向出现偏离，要通过向指挥部传递信息条进行调控。

（二）演练进程控制

1. 规划均衡的信息流

总导调员可以使用如表 2－2 所示的信息发送总体控制表来掌控总体情况。利用该表来掌控演练信息的发送是否均衡，各参演部门的任务是否均衡。在该表记录和实际观察的基础上，来掌控演练总体进程。

表 2－2　演练信息发送总体控制表

参加部门/机构	演练时间					
	10:00	10:10	10:20	10:30	10:40	10:50	……
消防部门		√ √	√				
应急医疗部门		√ √	√ √				
公共工程部门		√ √ √	√ √ √				
应急行动中心		√ √	√				
基础设施部门		√ √	√ √				
中小学校		√ √ √	√ √ √				

2. 调节演练进度

调节演练进度包括取消某些信息输入、减慢或加速演练进度等动作。

(1) 取消某些预先设计的信息。

有时，参演者可能已经采取了某些下一步信息条要触发的行动，该信息条就要停止发送。例如，如果某消防队队长预感到演练中将收到一条派消防车到某一区域的信息，并提前做出行动，那么导调员就要让模拟员停止输入派遣消防车的信息。

(2) 减慢演练进度的方法。

如果设计的演练进度使参演者感到演练节奏太快，以至于很难应付，就要放慢演练进度。

● 可以延长演练要处理的事件的时间间隔，使参演者有更多的时间作出反应。

● 放弃那些相对不太重要、对实现演练目标没有作用的信息，或放弃对下一步决策没有太大影响的信息，或者放弃那些纯粹用于干扰决策的信息。

(3) 加快演练进度、填补时间空隙的方法。

如果参演者感觉很轻松，就要加快演练进度，提升演练难度。

● 加快信息的传递速度（不同于既定安排）。

● 注意观察是否有些参演小组出现无事可做的情况，在必要时随时添加或更改一些信息条，使他们工作起来。（但是，也许该小组在某个特定的时间内就应该是无事可做，这时就不要勉强。）

● 注意在手头保留一些备用信息条，在必要时及时添加。

添加一些常规性事件——添加一些参演部门必须处理的具体的常规事件。例如，添加一例常规交通事故，给公安和消防部门施加压力；或者报告一例不相关的心脏病发作来考验医务人员。

添加次要突发事件——在演练的主要事件之外添加次要问题。例如，插入工具损耗、主水管破裂、煤气泄漏、媒体采访等事件，使演练人员忙碌起来。

添加准备性活动——可以让无所事事的小组从事某些短期的准备活动。例如，要求医疗机构去测试应急发电机。

添加误导信息——可以故意把信息发错部门。这类信息可以考量该机构角色定位的清晰程度，并测试其是否能够恰当地处理信息。

3. 减轻过重负荷

如果某些参演小组感到负荷过重，可以采取如下方法：

（1）对信息进行再分配。核实所有信息是否都发送给了正确的小组。如果某部门负荷过重，而有些原定发送给该部门的信息可以发送给其他部门，可以调整信息的发送对象。

（2）对信息进行取舍。先将超负荷的信息分为两类：一是演练过程中必不可少的信息；二是演练过程中可有可无的信息。然后，去掉第二类中的一些信息。

4. 允许自发性行动

演练人员应该能够在某次突发事件中对一系列可采取的应急响应行动作出抉择，他们的决策、沟通和其他履行职责的能力不应受到演练形势的限制。这就要允许参演者采取自发性行动。为此，演练导调员、模拟员必须接受良好的培训并做好应对意外情况的准备，这样能给参演者组织一场较好的演练。这的确会给控制官、模拟员增加负担，因为他们不得不适应事件的进展。

例如，来自事故现场的指挥官（模拟员）发送一则信息给公安局局长（参演者——一名真正的公安局局长）。该信息通知公安局局长，发生一起交通事故，堵塞了紧急疏散线路。公安局局长与助手商议，迅速规划一条新的交通路线，并电话通知事故现场的指挥官（模拟员）相关操作指令。模拟员就要模拟执行操作指令并经过一段时间后，将模拟执行信息反馈给公安局局长。

公安局局长或许不会如预先设计的那样对信息作出响应，因此，模拟员需要反馈一个不同的响应信息。模拟员要通过调整应对信息，确保主要事件得到顺利处置。必要时，导调员必须出面指导或干预参演者的活动。

5. 时间跳跃

在短时间（如为期一天）的复杂桌面演练中，可以模拟处置那些真实发生时会持续较长一段时间（一两周或更长）的事件和形势。

为了在一场一两天的演练中涵盖突发事件的多个阶段（准备、预警、应对、恢复等），可以在演练间歇休息后，直接宣布时间跳入到此后的数小时或几天。这种跳跃式时间安排，应保持最低限度，通常可将它们设置在演练自然断点处（如下午一开始，第二天一开始）。

导调员负责宣布和掌控时间跳跃，并在新一阶段演练开始之前，向参演者介绍有关前一被省略阶段的基本信息。

模拟员要注意更新模拟信息，以反映先前发生事件和假定的参演者的行动结果。

第三节　实战演练实施

一、演练实施主体

实战演练需要有导调官及安全官、模拟人员、参演人员、评估人员、观摩人员等。

（一）导调官、安全官与模拟人员

一名或多名导调官管理实战演练。在有多个场地的实战演练中，可设置多名控制演练的导调官。在这种情况下，所有的导调官要在一名总导调官或演练总指挥的管理下相互合作开展导调工作。

在实战演练中有很多潜在的安全问题，因此需要委任一名安全官。

模拟人员是假扮在突发事件中的受害者、群体性事件的参与者等角色的人员。很多演练的模拟人员都由志愿者担任。

（二）参演人员

一场实战演练涉及很多层面的参演人员，主要包括：

（1）决策者——主要决策者和部门政策制定者。

（2）管理者——应急管理部门人员。

（3）行动人员——执行指令的人员，如真实的或扮演的消防员、警察、医生、搜救队员、搜救志愿者等。

（三）其他人员

评估人员：各个场地的评估人员需要观察演练行动并记录下所有重要的事件。

观摩人员：仅仅负责观摩演练的人员，包括上级领导、相邻地区的来宾、新闻记者等。

二、演练导入

（一）召开演练预备会（情况介绍会）

演练预备会一般在演练举行之前召开，其主要目的是告知参加人员其职责分工。演练计划小组成员可以给有关领导、控制员和评估员、模拟人员、参演者和观察员安排单独的演练预备会，可以避免给各组不相关的材料，确保演练的设计、开发和实施与有关领导的指导一致。

1. 领导人情况介绍会

在实施前，要向相关领导人汇报演练准备情况，使演练实施计划获得批准。

2. 导调员和评估员情况介绍会

在导调员和评估员情况介绍会上，要先做演练的总体介绍，然后介绍演练的场地和区域、演练事件的时间表、主要演练场景、演练导调的理念、导调员和评估员的责任、填写演练评估指南的说明等。如果评估事项复杂，可以对评估员额外进行培训。

3. 模拟员情况介绍会

模拟员情况介绍会应当安排在演练之前，即在他们到达指定地点担负起角色之前进行。负责管理模拟员的导调员主持这场介绍会。会上要介绍如下信息：演练概述、演练活动时间表、扮演角色的说明、伤病号症候卡、演练中的安全问题、出现真实的紧急情况的应对程序等。在情况介绍会上，要分发身份识别的标牌和所扮演角色的症候卡等物品。

4. 参演者情况介绍会

在演练开始前，导调员要对所有的参演者召开情况介绍会，介绍每个人的职责分工、演练相关参数、安全保障、角色标牌，以及演练后勤问题。

应向所有参演者说明演练规则。演练规则帮助参演者理解他们在演练环境中的角色，理解什么是恰当的行为，明确行动和身体接触的指导原则，防止对个人造成身体伤害或对财产造成损失。

5. 观摩人员情况介绍会

一般在演练的当天举行观摩人员情况介绍会，告知观摩人员演练的背景、事件场景、事件时间表、对观摩人员的限制等。观摩人员常常不熟悉应急处置的程序，对他们看到的演练活动随时会产生疑问。演练指挥部可以指定专门人员陪伴他们观摩演练，及时回答他们的问题，这样可以防止他们直接向参演者、导调员或评估员提出问题。

（二）启动演练

在导调官作必要的动员和说明后，演练的启动既可以是报警服务台的一个电话、一则电台广播，也可以是市民热线的一个电话，或者是一个正式渠道的灾情报告。

三、演练推进

实战演练行动需要通过多种方式得以持续，包括：

- 导调官输入的预先设计的信息，如通过电话、传真等报告的外部信息。
- 突发事件现场的实物、实景，模拟人员所展示的信息和行动。
- 参演者对各种信息和行动作出的自发性的响应行动。

在演练过程中，现场事先展示的信息和行动，以及参演者的每一步响应行动不容易控制，因而预先设计的动态信息的导入就成为控制演练进程的重要手段。导调官应按照演练导调的基本原则对动态信息导入加以灵活掌握。

四、演练导调

（一）导调原则

实战演练因其高成本、严肃性，应当是一场漂亮的“战役”。漂亮不是表演秀，完全按照脚本进行的演练不是真正的锻炼队伍、检验程序的演练，而是不折不扣的作秀。把实战演练当成一场漂亮的“战役”来打，就要在前期精心设计的前提下，按照如下演练原则来指挥：

第一，管理有方，协调有力。控制演练进程的演练总导调官或总指挥要对演练现场各个方面的工作按照程序严格管理，对各个方面的演练导调官的行动要综合协调。要确保整个演练现场的管理井然有序、无安全漏洞。

第二，乱中有序，直指目标。演练必然会产生一定程度的忙乱，有时演练设计上也要制造一定的混乱景象，以最大限度地模拟真实突发事件发生时的整体图景。然而，在总导调心中，要乱中有序，形乱而神不乱。每一个场景、每一个“混乱”场面都是符合设计要求的活的信息，都要与一定的演练目标遥相呼应。

第三，随机应变，胸中有数。每一个现场场景，在其发生发展过程中都可能会发生与预想情况不是十分吻合的局面。演练导调官要因势利导，利用这些变化的新情况，提出符合演练目标要求的演练任务，引导参演者采取相应的行动。

第四，有机衔接，浑然一体。演练导调官要居高临下地不断观察、判断演练的进程，要使演练中的各种真实事件、虚拟事件有机衔接，形成相互之间的有机联系，构成浑然一体的演练局面。

（二）演练控制与保障行动

为了防止与真实世界的沟通混淆，所有的沟通必须明确识别为与演练相关。可以在所有书面或打印的沟通材料上明确地显示“仅作为演练材料”短语，在每次口头沟通时首先说明“这是一场演练”，或者演练指挥部同意的其他类似说明。

演练集合区的导调员具有重要作用。集合区导调员要在整个演练期间，与其他导调员保持密切沟通，确保安全和符合实际地调派人员。在一个参演小组到达集合区的时候，演练集合区导调员要负责点名，确保所有参演者都到位。根据调度时间，安排参演人员的位置；由具备资质的人员对参演人员进行装备或武器的检查，确保所有接受检查的装备或武器都贴上标签，表明可以安全地应用于演练。该导调员也负责演练集合区的后勤组织，包括各参演小组的位置安排，以及调派参演小组离开该区域。导调组或演练指挥部必须根据现实的响应情况，及时调整人员调派时间表；如果没有做到这一点，会导致演练受到影响或导致组织无序。必须告知演练集合区导调员对演练安排的任何变更，以使其及时更新参演人员调派时间表。

在实战演练中，所有演练导调官都应采取适当的行动，确保安全和有保障的演练环境。这些确保行动可能包括监测影响参演者和/或模拟员安全的情况，比如高温压力和其他健康问题。

（三）备用程序

为了应对可能发生的真实的突发事件，演练计划小组应制定备用程序，根据需要暂停、推迟或取消演练。如果演练的实施有可能影响对真实世界的突发事件作出响应，或者真实世界的突发事件妨碍演练的实施，演练指挥部和导调官应立即开会研究，确定适当的行动调整方案。

在最终行动方案作出后，演练指挥部应通过各种相关的沟通机制，向所有演练相关方通报这一行动方案，并予以执行。

第四节　应急演练后的热反馈

一、热反馈的含义、性质和意义

热反馈是指演练结束后，在导调人员或演练主持人的组织下，参演者对自己的参演行为进行反思的工作。热反馈通常在演练后立刻进行。

热反馈不是由第三方对参演者进行评估，而是由参演者进行的自我反思。热反馈为演练参加人员提供了一个反思学习的机会，在演练实施刚刚结束后，讨论演练的收获和待改进之处。这是参演者能够获得自我提升的有效手段。

热反馈一方面能够帮助参演者互相启发、自我提升；另一方面能够帮助评估员掌握更多的评估数据，有助于使评估建立在更为坚实的数据基础之上。

二、热反馈的工作流程

热反馈应由有经验的催化师引导，催化师可以确保讨论保持简短和具有建设性。在热反馈的基础上收集的信息可以在演练评估报告中使用，演练建议也可以用于改进未来的演练。热反馈还提供了分发参演者反馈表的机会，参演者填写后，可以用于帮助评估员形成演练评估报告。

热反馈通常由以下步骤构成：

（1）演练主持人介绍热反馈的目的、意义和具体安排。

（2）演练主持人带领大家回顾演练基本过程。必要时，可以回放演练录像。在回顾新闻发布会等媒体沟通活动时，录像回放特别有用。

（3）参演人员分组讨论演练中的得失。

（4）参演人员代表向全体人员汇报本组讨论结果。如果参演人员不多，则可以省略分组讨论，直接进入全体人员反思环节。

（5）由演练主持人或有关专家进行小结。

三、热反馈的注意事项

热反馈不是一个机械的自我批判过程，而应当是一个积极的反思学习过程。因此，应把握好以下方面：

（1）主持人应始终维护好一个友好的、积极的讨论氛围。

（2）当出现有人指责他人，或自我防卫倾向时，主持人应当及时加以催化、引导。

（3）热反馈中的意见应当加以详细记录。

第三章 应急演练实施工作表单

第一节 应急演练记录单

【按：供参演者使用的演练记录单包括指挥部工作日志和演练信息记录单。这些表单可供参演的指挥部记录所接收和处理的信息。】

指挥部工作日志

工作日志页码：					
序号	接收时间	回复时间	事件描述	措施	附件

演练信息记录单

组别	
编号	

发件人：

收件人：

收件时间：　　　　　　　　　　　　　　　　回复时间：

主题：

信息	
回复	

记录人员：

第二节　应急演练信息报告单

【按：这里给出综合协调组的信息报告单和网络与舆情报告单模板，可供演练时选用。】

综合信息报告

第 1 期

＊＊＊　　　　＊＊＊＊年＊＊月＊＊日

内容

编辑：＊＊＊　　　　编审：＊＊＊

主送：＊＊＊
抄送：＊＊＊

＊＊＊　　　　＊＊＊＊年＊＊月＊＊日印

（共印＊＊＊份）

网络与舆情报告

第 1 期

＊＊＊　　　　　　　　　　　　　　　　　　＊＊＊＊年＊＊月＊＊日

内容

编辑：＊＊＊　　　　　　　　　　　　　　　　　　编审：＊＊＊

主送：＊＊＊
抄送：＊＊＊

＊＊＊　　　　　　　　　　　　　　　　　　＊＊＊＊年＊＊月＊＊日印

（共印＊＊＊份）

第三节　应急演练沟通告知单

模拟员症候卡

【按：在实战演练中，有的现场模拟员要模拟伤病员。模拟员症候卡是供模拟员使用的对其模拟的伤病情况进行定义的卡片。】

演练日期：____年__月__日　伤者编号：________

可见症状：

[症状]

身体状况：

[身体状况，例如：呼吸、脉搏、血压]

伤者的其他信息：

[根据需要，写出伤者的其他信息]

公众告知单

【按：公众告知单用于可能影响周边群众生活的实战演练。公众告知单可以发给演练场地周围的公众，告知他们即将举行的演练情况。对于大型的演练，可以在演练前在当地报纸刊登公告。这里提供了一个告知单样本。】

广大社区居民：

您所在城市的各相关组织机构将参加［日期］举行的一场演练。开展这场演练是为了测试和提高本市和您所在社区应对突发事件的总体应急准备情况。演练将模拟［情景类型］事件。

演练参加人员将模拟［演练活动，例如："应急响应人员将模拟对扮演受害者的志愿者展开救治"］。这个突发事件不是真实发生的。不过，在演练期间，应急响应活动的开展会尽可能真实。［演练参加人员的大致清单，例如："本区的医院，市县公安局、消防和应急小组，省市官员，其他政府部门和私营部门伙伴"］将参加这场演练。

开展演练的区域将有明确的标记。为了您的安全和确保参演者在真实的环境中开展演练，演练区域不对公众开放。如果演练干扰您日常的活动，敬请您谅解和支持。

大家可以采取行动使自己和家人针对突发事件做好应急准备。例如，了解相关应急知识，制定家庭应急预案，备好家庭应急包，参与社区应急准备工作等。要了解更多的应急准备方面的事宜，请访问［网站］或拨打［电话］。

非常感谢本地区所有居民对这场重要演练的支持！［可选：如果您对这场演练有任何关切或疑问，请联系（联系人）］。

［演练总指挥］

［主办机构］

［公告日期］

第四节 应急演练反馈表

参演者反馈表

【按：应急演练参演者反馈表是供参演人员在演练后填写的反馈意见表。这里给出一份可供参考的参演者反馈表。】

感谢您参与本次演练。您的观察和评价将为我们反思本次演练提供非常有价值的视角。您的个人信息我们将为您保密，请放心作答。

第一部分 基本信息

姓名：____________________

单位：____________________

职务：____________________

当前工作职位的年限：____________________

以前参加演练的次数：□ 0次 □ 1～5次 □ 5～10次 □ 10次以上

演练的角色：□ 参演者 □ 导调员 □ 观察员

□ 评估员 □ 模拟员

第二部分 演练评价

评价因子	非常不同意→非常同意				
演练之前的导入，为我在演练中的角色提供了必需的信息	1	2	3	4	5
演练场景是真实的	1	2	3	4	5
参演者很活跃地参与了本次演练	1	2	3	4	5
演练与我现有经验水平的匹配是恰当的	1	2	3	4	5
演练提升了我的认识，并使我熟悉了其他参演机构的资源和能力	1	2	3	4	5
演练为我提供了处置关键任务领域事件并作出有价值处置决定的机会	1	2	3	4	5
通过本次演练，我在应对类似风险方面的能力有所提高	1	2	3	4	5

第三部分　参演者反馈

1. 在本次演练的计划、准备、组织与实施、评估等各个环节中，我观察到了以下优点。

优点 1：

优点 2：

…………

2. 在本次演练的计划、准备、组织与实施、评估等各个环节中，我观察到在以下领域还存在需要改进和提升之处。

改进和提升之处 1：

改进和提升之处 2：

…………

3. 请您提一些宝贵的建议，以使以后的演练做得更好。

建议 1：

建议 2：

…………

模拟员反馈表

【按：本表为在实战演练中，供模拟伤病员在演练后填写的模拟员反馈表，可供评估组在评估时参考。】

在演练结束时，请您填写回答以下问题。在演练场地的登记出口，需要交回这张表。请准确填写回答。您的合作很重要，谢谢您！

实地评估和治疗

1. 首次接触和检伤分类

a. 响应人员用了多久才接触您？＿＿＿＿＿＿＿＿＿＿＿＿＿＿＿＿＿＿

b. 响应人员用了多久才开始对您消毒（如果适用）？＿＿＿＿＿＿＿

c. 您是否在现场被检查不止一次？　□是　□否

d. 列出评估您的医疗状况的（所有）人员。

□消防　□医疗急救　□警察　□其他________________

e. 您第一次收到的彩色的检伤分类卡是什么颜色？

□绿色　□黄色　□红色　□黑色　□没有收到任何分类卡

f. 根据对您的状况的评估，响应人员采取了什么行动？

____

____

2. 治疗：

a. 如果您处于清醒状态，是否有人向您解释了要怎样治疗？

□是　□否

b. 如果您处于清醒状态，是否有人回答了您的任何疑问？

□是　□否

c. 对您提供了什么治疗？

____

____

3. 您是否观察到您观察的响应人员还有尚未采取而应该采取的行动？

____

____

医院（如果适用）

1. 您去了哪家医院？________________________

2. 到达医院后，过了多久才有人来对您进行检查？

□不到 5 分钟　□5 分钟　□10 分钟　□15 分钟　□超过 15 分钟

□在医院没有人给我做检查

演练设计

在参加演练的过程中，您是否观察到任何问题？您建议怎样改进？

____

____

不要丢失这张卡片！感谢您的参与！

第四章　应急演练实施实例展示

第一节　分析式桌面演练实施

德国危机管理学院的水火应对演练

德国危机管理学院（AKNZ）的分析式桌面演练课程设计严谨、组织精细，是分析式桌面演练的典范。这里详细描述该院一次水灾应对演练的全过程，以期给读者提供一个分析式桌面演练课程的概貌。

一、培训对象和目标

这一课程的主要培训对象是德国的县（市）级行政指挥部成员。其具体角色一般有：县（市）长以及各有关部门负责人，如公共安全与秩序部门、防火与灾难保护部门、卫生部门、社会管理部门、交通部门、环境部门、公共关系部门、能源供给部门、联邦国防军联络官、应急管理综合协调部门。

演练的主要目标是提高指挥部的形势研判和决策能力。

二、灾情场景

在为位于科布伦茨与波恩之间某县行政指挥部开展的分析式桌面演练（桌面推演）课上，催化师首先提供一份灾情通报。内容如下：

2009 年 2 月 25 日，星期一，上午 8 点

A. 自 2 月 22 日（周五）起天气变化

膨胀的低压地带，德国境内接着迎来湿暖空气、融雪天气。因温差过大（2 月 22 日以前很冷）带来风暴天气并伴有持续强降雨。

B. 影响

因地面还在结冰，雪融水及雨水造成莱茵河源头水位急速上涨。莱茵河各支流水位明显上涨。在博登湖及巴塞尔间莱茵河上游今天将迎来洪水。

巴塞尔的莱茵河区域至法国 Macholsheim 水渠间将停止行船。下午将在 Rastatt 的 Iffesheim 至 Germersheim（莱茵兰—普法尔茨）间停止行船。

C. 进一步的信息

“降水没有减弱并且水位上涨十分严重，很难对接下来几天的情况做精确的预报。”洪水预报中心发言人说。

埃森气象局异常天气中心对莱茵河地区发出预警：“尽管两天之后洪水才到达科隆，但因为强降雨及各支流水位的上涨，莱茵河还是面临发生洪水的严重危险。”

巴登—符腾堡州的很多县已激活灾难警报。

巴登—符腾堡州、莱茵兰—普法尔茨沿莱茵河沿岸各县领导指挥中心已启用并开始轮班工作。北莱茵兰—威斯特法伦州已做好准备工作。

D. 问题

请指挥部在深入研究的基础上作出决策。

三、推演过程

分析式桌面演练的推演活动分为四个阶段。

（一）第一阶段：分析问题

分析问题阶段需要做到以下三点：一是讨论可能面对的问题；二是对问题进行归类；三是对问题进行排序。

1. 讨论可能面对的问题

主要运用三轮提问法来进行问题讨论。

第一轮提问：请各位指挥部成员从个人角度（即普通群众角度）提出突发事件给自己造成了哪些问题。

比如，很多人都会考虑到饮食和饮用水。我的家会不会被淹？我的孩子怎么办？是不是考虑先从容易受水淹的区域提前撤离？如何做好停电的准备工作？假如洪水来临，在本县或市内如果要从学校或者单位回家（A 点到 B 点），我乘坐何种交通工具？参演者要把这些问题尽可能揭示出来。

参演者每提出一个问题，负责记录的人员就将该问题写在一张彩色纸条上，再把彩色纸条一一钉在钉板上。

第二轮提问：请各位指挥部成员从职业角度提出问题。

比如，作为卫生部门负责人，需要考虑如何保障医疗资源；作为教育部门负责人，可能要考虑辖区内的学校是否要关闭，学生是否要撤离；作为民政部门负责人，要考虑群众转移后的妥善安置以及救灾资源的调配等，如是否考虑到了安置过程中女性与儿童的特殊生活用品需要；作为旅游部门负责人，要考虑是不是需要转移游客，露营地是不是需要关闭；作为公安部门负责人，考虑到因为洪水的到来可能会造成县（市）域内民众的恐慌，因此要做好维持秩序的准备，让民众安心；作为消防部门的负责人，可能要考虑迅速调集消防救援力量，做好准备，参与救援；作为财政部门的负责人，想到的则可能是如何对救援工作进行财政支持，如何赔偿洪水造成的损失；而作为县长，可能马上想到县政府的办公楼正好建在河畔，如果河水上涨导致办公完全中断，如何保障指挥部能够正常运转，当然，作为县长考虑的问题会更全面，如是不是会停电、能源如何供给、道路交通是不是受到影响、如何对交通问题进行提前的预防准备等。

这一轮的问题要用另一种彩色纸条填写。

第三轮提问：对问题进行补充。

无论是从个人角度还是从职业角度，大家可能还会想到其他问题，有新的想法需要补充。提出的问题有可能是自己部门的，也有可能是其他部门的。这些问题用第三种颜色的纸条记录。

在三轮提问的过程中，指挥部成员之间都会受到彼此的启发。比如，在第一、第二轮提问的时候有人提到要筑防洪堤，那么，在第三轮提问的时候就会有人想到，既然要筑堤，那么从哪里取沙、如何装沙袋，以及如何去告知民众出现危险的可能性，让民众进行预防及自我保护。从这里也可以看出，让指挥部成员亲身体验在讨论中与其他部门的沟通是非常重要的。

2. 对问题进行归类

通过三轮提问，突发事件可能造成的问题全部都摆在大家面前，一目了然。接下来，就需要按照一定的标准，对目前找到的所有问题进行归类。

比如，很多人都提到食品和饮用水短缺、医疗资源短缺、如何撤离（包括如何对学校的学生进行转移），提到停电、房屋被淹、交通混乱、秩序混乱、民众恐慌，提到准备救援人员、救援物资的运输，还有资金的拨付、次生灾害，等等。在第三阶段，要把刚才所有想到的问题进行归类：如将“人员撤离”作为一类，将涉及交通的问题归在一类，将涉及停电的问题归在一类，依此类推。

归类可以通过挪动钉板上的纸条的方式来完成。

3. 对问题进行排序

最后，要将所有的问题进行优先排序，哪些是必须马上解决的，哪些可以拖延一下。判断的依据可能是时间上的紧迫性，也可能是数量的多寡。比如现在有两家医院都受到影响，那么，如果从数量上考虑，转移的重点就应该是人多的医院。

优先排序也可以采用挪动钉板上的纸条的方式来完成。

（二）第二阶段：汇报讨论结果

在这个阶段，指挥部要选派一名小组成员将本小组讨论的结果汇报给所有参演者。内容包括搜集的问题、问题分类和排序情况。

（三）第三阶段：作出决策

这一阶段着重要考虑的是应该采取什么样的措施来解决突发事件带来的问题，也就是要作出决策。对指挥部而言，重点就在于作决策，而决策最终是由各个部门来具体执行的。

如果分析式桌面演练过程中使用了钉板，在提出解决措施后，要将每一个解决措施与相关问题钉在一起，以便检验对策的针对性，并检查有哪些问题还没有得到解决。但两张纸条不要重叠在一起。

决策方案要尽可能具体。以医院为例，假设现在医院的病人比较多，有 250 个目标病人。经过讨论，形成的解决方案是把 250 个病人分成三类人处理。第一类是重症病人（包括老年人），医院有 30%的老年人需要特别照顾，这类病人的处置措施是向邻县医院求助，请他们帮助接纳。第二类是症状比较轻或者基本痊愈的患者，在征求他们的主治医生和本人意见、家属意见之后，组织他们尽快回家。第三类是介于前两类之间的病人，处置措施是将他们撤到周边两个镇和附近军队的卫生院。

（四）第四阶段：介绍讨论结果

指挥部经过讨论作出决策、形成处置措施之后，选派一名小组成员将讨论的结果介绍给所有参演者。

四、演练后反思

演练之后，催化师会马上组织参演者进行反思。首先是指挥部内部反思，包括做得好的方面是什么，哪些方面还可以做得更好。其次，指挥部代表向全班（有时培训是 2～3 个指挥部平行地在演练）汇报。最后，由催化师进行点评。通常催化师会以表扬为主，充分肯定大家的成绩，再提出一些改进意见。

第二节　递进式桌面演练实施

某央企的一次演练教学

一、计划

某中央企业是石油化工行业的重要国有骨干企业。该公司领导居安思危，非常重视应急管理工作。2011 年以来，公司开展了应急管理评估工作，并正在修订《安全生产应急预案（第六版）》。通过评估发现，安全生产事故应急指挥部不少成员对于自己的应急处置职责不是很清楚，对于预案中规定的处置流程也不是很熟悉。

2012 年下半年，国家行政学院部分教师接受了为该企业总部安全生产事故应急指挥部开展一次演练培训的咨询任务，与公司健康安全环境部（HSE 部）有关人员组成了联合项目组。

通过与 HSE 部负责人沟通，确认了要开展一次复杂场景递进式桌面演练活动，制定了工作进度表。确立了演练的目的是通过构建一个学习场，使指挥部成员通过演练学习形势研判、集体决策、危机沟通等方法，熟悉预案中规定的各自角色。

二、准备

在准备阶段，项目组主要围绕开发演练方案展开工作。

首先，通过调研，项目组对于演练需求进行了多角度的分析，得出了需求结论。

然后，进一步明确了演练范围、目的、目标、内容结构。在此基础上，设计了演练场景、事件体系、动态信息和预期行动等。

在设计出演练方案的初稿后，项目组对方案细节反复推敲修改，HSE 部两次召开座谈会征求各方面意见。

为慎重起见，在演练方案最终定稿前，HSE 部组织有关人员开展了预演练培训。这一活动既是对演练方案的检验，也是对没有机会参加正式演练的人员的一次难得的培训。

最后，经过数次修改的演练方案得到公司主管领导的批准。

在演练方案中设计的初始场景是：

9 月 28 日是××市举办的大型国际商贸洽谈会开幕的日子。

上午 8:30 左右，A 公司在对库区内 MN 罐组 1 号罐进行罐外管线检修过程中发生爆炸，爆炸造成 1 号罐罐根阀受损而无法正常关闭，油品大量泄漏，引起大面积火灾。事故已造成 2 人当场死亡，5 人重伤，3 人失踪，多名现场作业人员受伤。

MN 罐组由四个 3 万立方米的原油罐组成，事发时均为满负荷运行。

上午 8 时，香山岛气温 23℃，西南风 5 级。

突发事件发生发展的事件体系是：

- 先期响应模块

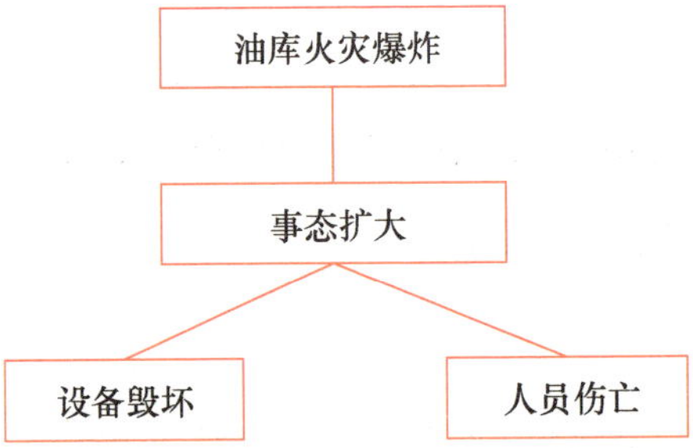

- 全面处置模块

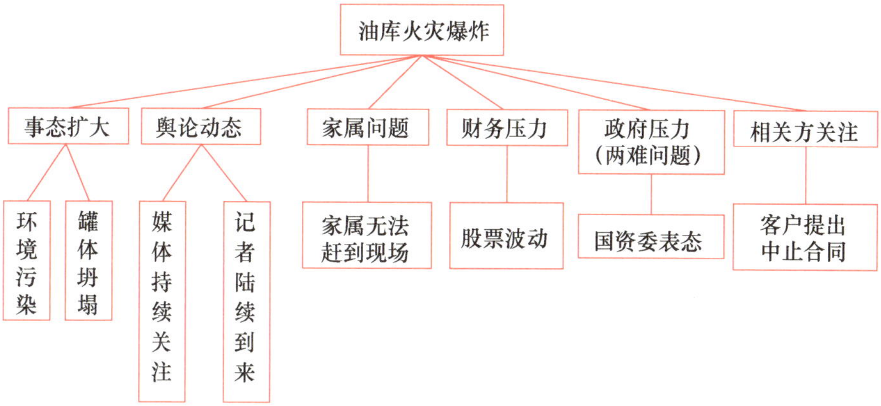

- 善后应对模块

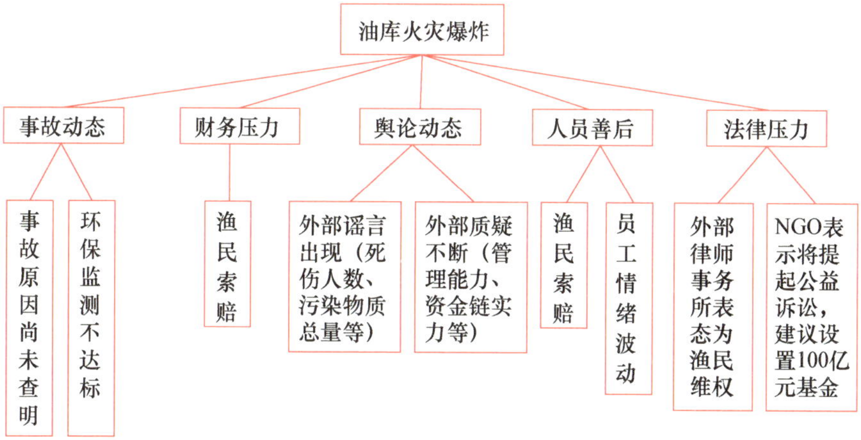

三、实施

演练的实施场地是在远离办公地点的某会议中心，共分为三场活动。

第一场活动是正式演练前一天下午的评估员预备会。催化师对评估员进行了评估方法、评估表使用、评估工作流程等内容的培训。

第二场活动是演练当天上午的演练前培训。培训的目的是帮助参演者深化对应急管理和应急演练工作的认识，熟悉演练所需的对形势的多角度分析方法，明确下午的演练任务和要求。在培训过程中，参演者针对一个简化的事故场景进行了结构化分析的练习。

第三场活动是下午的正式演练，整场活动持续四个半小时。其中，演练分为三个模块进行：

模块 1：先期响应；

模块 2：全面处置；

模块 3：善后处置。

演练采取分功能组活动、指挥部全体会议、模拟新闻发布会等形式进行。在演练过程中，每个模块都由催化师导入，催化师随时催化、指导。

演练后，进行了现场热反馈活动，参演者对演练过程中的得失之处进行了充分的反思。

四、评估

演练结束后，评估员递交了评估表。

此后，召开了评估员会议，大家口头上对演练反映出的问题进行了深入的探讨。没有参加会议的评估员提交了自己发言的录音录像资料，会议主持人进行了播放。

项目组最后对评估表进行了定量统计分析，将评估意见和定量分析相结合，提出了评估报告初稿。

在项目立项四个月后，评估报告正式提交公司 HSE 部，项目顺利结束。

第三节　交互式桌面演练实施

某次重大动物疫情交互式桌面演练课程

一、演练组织

（一）演练参加人员及其基本职责

1. 指挥部职责

负责统一对全省突发重大动物疫情应急处置的领导、指挥和协调，作出处理突发重大动物疫情的决策，决定要采取的措施，调度全省各种相关资源，督促有关地方人民政府、部门、单位按要求落实各项防治措施。

2. 综合协调组职责

（1）综合小组：负责综合汇总各方信息，进而形成信息汇总报告，并上报指挥部。

（2）信息小组：负责接收与核实来自群众和下级市县信息，并进行必要的沟通、指导。

（3）协调小组：负责接收与核实来自上级机关信息、邻省及港澳信息、省级部门信息，并与有关方面进行必要的协调、沟通。

3. 宣传报道组职责

（1）综合小组：负责综合汇总舆情信息，根据情况报综合协调组和指挥部，并最终形成信息汇总报告。

（2）媒体小组：负责处置电话、接受媒体记者询问，并将有关情况及时报综合小组。

（3）网络小组：负责网络舆情动态监控，及时报综合小组，并根据情况提出舆情应对。

（二）参演者分组

1. 演练组

（1）指挥部。

指挥长：

曹××

成员：

李××

刘××

杨××

张××

胡××

王××

（2）综合协调组。

组长：赵××

综合小组：

田××（小组长）

马××

信息小组：

叶××（小组长）

杨××

侯××

协调小组：

陈××（小组长）

饶××

唐××

（3）宣传报道组。

组长：李××

综合小组：

杨××（小组长）

车××

媒体小组：

梁××（小组长）

刘××

张××

网络小组：

徐××（小组长）

李××

沈××

2. 导调组

（1）省内市县：

金××（小组长）

陈××

马××

肖××

（2）公众：

宋××（小组长）

符××

黄××

顾××

（3）上级、邻省及港澳：

明××（小组长）

陆××

胡××

吴××

（4）省级相关部门：

季××（小组长）

李××

朱××

谢××

（5）媒体记者：

汤××（小组长）

姜××

郑××

李××

（6）网络舆情：

王××（小组长）

吴××

李××

武××

（7）专家组：

吴××（农业部官员）

（三）演练前参演者行为规范

（1）阅读和熟悉相应的应急预案、演练程序和演练支持文件。

（2）在演练开始前至少 15 分钟，到达适当的地点，穿戴适当的识别标志。

（3）阅读参演者手册。

（四）其他学员和所有教师的定位

其他学员作为模拟员兼评估员。他们被分为几组：

（1）省内市县角色组：扮演指挥部的相关部门人员。

（2）公众角色组：扮演有关公众。

（3）上级、邻省及港澳角色组：扮演中央政府部门、相邻省份有关部门和港澳有关部门的人员。

（4）省级部门角色组：扮演省内有关部门人员。

注：以上角色主要通过电话与指挥部有关职能组进行互动。

（5）网络角色组：扮演网民，负责在动态网络论坛中发表网民舆论。

（6）媒体角色组：分别扮演某些主流媒体、非主流媒体记者，通过电话向指挥部进行采访，或者亲自到指挥部进行突击采访。

（7）专家角色组：扮演有关专业的专家。他们既可以通过电话给指挥部提供专业意见，也可以亲自到现场给指挥部提出专业意见。

二、演练过程

（一）演练导入

由总导调员进行演练场景说明和演练要求说明。时间允许时，首先让演练开始运行一会儿，让学员适应这种工作方式，再正式开展演练。

（二）演练进行

演练分上午、下午两个阶段。每个阶段均包含信息接收与传递、形势分析与研判、指挥部集体讨论与决策等内容。

（三）演练过程中参演者行为规范

（1）仿佛紧急情况是真实的一样，对演练事件和信息作出响应。

（2）导调员和模拟员只会提供给你演练要求他们传达的信息。我们期待你通过现有的应急信息渠道，获取其他必要的信息。

（3）不要在演练进行期间，与导调员、模拟员、评估员、观察员或媒体人士进行私人谈话。如果问到你与演练相关的问题，请给予简短明确的回答。如果你正忙，无法立即回应，请如实告知，并在尽可能早的时候给予答复。

（4）如果你有疑问，请询问导调员。

（5）情景的部分环节可能感觉不可信。要认识到演练要满足一些目标，可能要求包含不贴近现实的方面。演练组织者已经做了所有的努力，在现实感和安全、创造有效的学习和评估环境之间达到平衡。

（6）在与导调员、模拟员沟通时，说明你希望和哪个机构、机关、办公室和（或）人员讲话。

（7）对自己的活动保留一份日志。

三、演练反思

（一）基本过程

第一，总导调员先对演练总体过程作出基本评价，主要是给予鼓励。然后对演练的事件发展过程进行回顾，介绍信息条的设计和推送情况。

第二，请各职能组分别进行反思。

第三，请学员代表发言。

第四，由总导调员做最后总结。

（二）演练后参演者行为规范

（1）演练结束时，与导调员、模拟员和评估员一起参加热反馈。

（2）填写参演者反馈表。这张表能够让人对演练响应活动和演练的有效性坦率地发表意见。请把填完的表格交给导调员或评估员。

（3）把演练过程中形成的所有笔记或材料交给导调员或评估员。

第四节　专项实战演练实施

某次新闻发布会演练课程

一、课程计划

在对于国务院新闻办与国家行政学院合作举办全国新闻发言人培训

班（第一期）的新闻发布会模拟课程的设计上，国务院新闻办和国家行政学院专家充分考虑到该培训班学员专业能力较强的实际情况，将教学目标确定为：通过模拟演练，让学员扮演新闻发布者、记者等角色，使学员熟练掌握新闻发布会的工作程序和答记者问的技巧，提高新闻发言人的政策水平、公关能力以及与媒体打交道的能力。

二、教学准备

2012 年国家行政学院全国新闻发言人培训班（第一期）的三学时的演练时间内，安排了政策解读、招商引资、事故灾难和群体性事件四场新闻发布会。其中，前两类重在检验新闻发言人的政策水平和公关能力，后两类重在培养新闻发言人在应急状态下与媒体的沟通能力。

全国新闻发言人培训班（第一期）的新闻发布会模拟课程有两个关于突发事件处置的虚拟场景。

模拟场景一：A 省 B 市校车事故新闻发布会

2013 年 12 月 6 日 9 时 15 分，A 省 B 市 C 县 D 镇小天使民办幼儿园使用的由黄色金杯面包车改装的校车搭载幼儿及教师共 64 人，在 D 镇东街十字路口与向西行驶的一辆东风牌自卸货车迎面相撞，当场死亡 5 人，包括校车司机和 4 名幼儿。经 B 市人民医院专家组、C 县人民医院和中医院全力抢救，因伤势严重救治无效死亡 16 人，包括教师 1 人，幼儿 15 人，死亡累计人数达到 21 人，其中 19 名为幼儿，2 名分别为司机和教师。

44 名受伤幼儿中，22 名由 C 县派遣医护人员和救护车辆护送转院治疗，其余 22 名幼儿在 C 县人民医院和 C 县中医院接受治疗，其中 1 名幼儿伤势较重。

据悉，小天使幼儿园共有 737 名学生，28 名教职工，当天安排了 4 辆校车接送。发生事故的道路限速为 60 公里/小时，而肇事车辆当时的时速为 80 公里。

2013年12月7日上午9时，B市召开新闻发布会，就校车事故通报有关情况，并接受记者提问。

模拟场景二：华福市“5·28”事件新闻发布会

2012年5月28日（星期一）下午4时30分左右，华福市工商局李副局长（男，汉族，48岁，中共党员）及一位年轻女子驾车违章逆行，由于车速很快，撞倒了一位路过的当地中学生。李副局长下车将那名中学生的眼眶打裂，被打学生满脸鲜血，引发近五百人围观。6时许，现场围观群众越来越多，总数近两千人。此时，少数人开始出现过激行为，有人掀翻李副局长的车并砸坏了警车。后来，又有七八辆赶来增援的警车被推翻砸坏。

晚8时15分，马市长赶往现场，与群众对话。同时，公安机关组织近300名便衣警力，抓获了一批打、砸、烧的违法闹事人员。9时许，大量聚集人群逐渐散去，没有发生人员伤亡，事件基本平息。事件结束后，华福市公安机关迅速对犯罪嫌疑人员进行了立案侦查，并向社会发布通告，敦促涉案人员投案自首。

晚8时许，有网友称：“华福市发生大规模警民冲突，已有数十人受伤，数人死亡。”网上同时出现了好几段网友用手机拍摄的视频。另一名自称是事发现场目击者的网友则绘声绘色地称：“事态基本失控，当地政府正调集大批武警赶往事发现场。”网络评论瞬间多达上千条。

5月29日上午10时许，华福市专门召开“5·28”事件新闻发布会，由华福市相关领导和相关部门负责人通报相关情况，并回答记者提问。

三、参演者的准备

参演者所要做的准备工作是根据演练手册要求，在心理上提前进入所要模拟的角色，并运用互联网和图书馆等途径熟悉所要谈论的议题，提前做好发言内容的准备。参演者在课前还要做好仪容仪表方面的准备，例如，可以要求参演者着正装和职业装参加培训，以烘托模拟新闻发布会和电视专栏访谈节目的氛围。对于媒体沟通演练来说，以下几个方面特别要求参演者做到位：

（一）查找相关资料，熟悉演练情景和内容

学员需做大量的案头工作，如上网查找相关资料，尽快熟悉与演练场景相关的案例，收集报纸、广播、电视、网络对此类事件的报道情况，并加以分析，为发布信息、预测记者要提出的问题和准备发言口径提供参考。

（二）根据演练要求，做好角色和任务分配

有的演练会为每位参演者事先设定好角色，如在新闻发布会上担任“民政局局长”这一角色；有的演练给出了场景，但角色分配由学员自主完成。无论哪种情况，参演者都要事先明确自己的角色特点和任务要求。

（三）根据演练要求，做好文稿准备

由于全国新闻发言人培训班（第一期）在培训目标上更加注重提升学员的专业能力，所以在演练活动设计上就没有开场白、结束语等要求。

下面是全国新闻发言人培训班（第一期）的新闻发布会模拟课程对学员准备工作的要求。

在模拟新闻发布会召开前，请学员做好以下准备：

（1）各小组派出3～6名学员参与新闻发布会演练，分别扮演主持人、主新闻发布人、1～4位辅助新闻发布人。

（2）参加演练的学员自行商议各自扮演何种角色，角色分配主要依据模拟场景涉及哪些政府部门以及事件的性质。

（3）准备新闻发布通稿，500字左右。通稿中应包括事件的基本情况、政府的立场和态度、已经和将要采取的相关举措。

（4）预测记者提的问题。根据模拟演练的场景，预测至少8个媒体关注的问题，并准备相应口径。在一个小组举行发布会时，台下其他学员扮演记者，在答问环节对台上学员发问。

全国新闻发言人培训班（第一期）的新闻发布会模拟课程教学程序是：

（1）教师开场（10 分钟）。

介绍当天模拟新闻发布会的基本要求和任务分工。

（2）模拟新闻发布会（135 分钟）。

- 《国务院关于加强食品安全工作的决定》政策解读新闻发布会；
- B 市政府在京举行招商引资新闻发布会；
- A 省 B 市校车事故新闻发布会；
- 华福市“5·28”事件新闻发布会；

模拟新闻发布会包括发布和答问两个环节。发布会总时长 20～25 分钟，其中发布时间不超过 5 分钟，答问时间为 15～20 分钟，回答问题不少于 8 个。

每组举行新闻发布会之后，进行简要评估，包括学员自我评估、授课教师点评和外请专家点评。

（3）总结点评（35 分钟）。

针对四场新闻发布会，由授课教师和外请专家进行总结点评。

【附】

中小学幼儿园应急疏散演练指南

【按：为进一步落实国家对应急疏散演练的要求，加强对中小学、幼儿园应急疏散演练工作的指导，提升中小学、幼儿园应急疏散演练的组织和管理水平，2014 年，教育部制定了《中小学幼儿园应急疏散演练指南》，供各地各校在日常安全管理和集中组织应急疏散演练时参考。其中对应急疏散这一专项演练的实施方式做了详细的描述。为帮助读者理解疏散演练这一重要的专项演练形式，这里全文收录该指南。】

为加强对中小学幼儿园（以下简称学校）应急疏散演练工作的指导，提升学校应急疏散演练的组织和管理水平，强化师生安全意识和应急避险能力，培养学生终身受益的安全素养，特制定本指南。

一、编制依据

《中华人民共和国突发事件应对法》《国家突发公共事件总体应急预案》《国务院生产安全事故报告与调查处理条例》《教育系统突发公共事件应急预案》《中小学公共安全教育指导纲要》《中小学幼儿园安全管理办法》《学生伤害事故处理办法》等法律法规。

二、目的意义

本指南立足于提升应急疏散演练的实际效果，明确应急疏散演练的适用范围、基本原则，涵盖演练的准备阶段、实施阶段、总结阶段等全过程，供学校在日常安全管理和集中组织应急疏散演练时参考。通过实战型应急疏散演练，进一步增强师生安全意识，提高逃生自救能力，在发生紧急情况时，能有序、迅速地安全疏散，确保师生的生命安全。

三、适用范围

本指南对演练的各个环节、步骤提出了明确的指导性意见和规范性要求，适用于全国普通中小学幼儿园在开展针对地震、火灾、校车事故等的应急疏散演练时参考。

四、基本原则

（一）精心准备，科学组织。学校要确保参演师生的生命安全，严防拥挤踩踏事故发生。要提前谋划，提出预案及早做好相关准备工作，尽量避开雨雪等恶劣天气，在保证安全的前提下，通过科学、合理的组织，保证疏散演练既安全有序又有效快速。

（二）着眼实战，注重细节。演练要立足于模拟紧急事件发生时的真实情景，要着眼于提高学校应急指挥人员的指挥协调能力、各部门的应急处置能力和师生的应急避险、自救互救能力。学校要制定科学合理的演练方案并将其细化、落实到演练的各个环节，保障演练的整体组织及每个环节科学合理。

（三）明确目标，循序渐进。地震、火灾等灾害留给人们的逃生时间是有限的，一般是 2 分钟左右，应急疏散演练应明确最终的时间目标，原则上中学生2分钟以内，小学生3分钟以内完成。要从学校实际出发，设定合理的时间要求，通过经常性的演练逐步提升，最终达到设定的目标。

（四）立足实际，务求实效。演练要紧密结合学校自身实际，明确演练的主题，合理确定演练的时间、地点、参演人员、形式、内容、规模、疏散路线和保障措施等。要重视对演练效果及组织工作的评估、考核和总结，及时整改存在的问题，务求到达实效。

五、演练准备阶段

演练准备阶段应包括：制定演练方案，建立演练组织结构，演练前宣传教育，演练前师生身体问询检查及其他准备工作。

（一）制定演练方案

应急疏散演练方案应根据学校自身性质、地理位置、周边环境、教职工和学生人数、校园内建（构）筑物类型和数量等实际情况，依据《国家突发公共事件总体应急预案》《教育系统突发公共事件应急预案》等相应应急预案制定。

演练方案一般应包括以下内容：演练主题、演练目的意义、演练时间和地点、参与演练人员、演练组织结构及人员分工、演练准备工作、疏散路线、演练流程、保障措施、善后处置和信息报告等。演练方案应做到：内容完整、简洁规范、责任明确、路线科学、措施具体、便于操作。

相关要求：

1. 应急疏散场所：通常利用操场、广场等设立应急疏散场所，应通风通畅，相对宽阔。应急疏散场所应远离高大建（构）筑物，与建（构）筑物的距离应大于其高度的三分之一；应避开有对人身安全可能产生影响的地段，如毒气体储放地、易燃易爆物或核放射物储放地、高压输变电线路等设施；避开陡坡等易发生地质灾害的地段；疏散场地应有方向不同的两条以上与外界相通的疏散道路。

2. 应急疏散通道：保持疏散通道、安全出口畅通，禁止占用疏散通道；禁止将安全出口和教室、实验室、宿舍等安全门上锁或堵塞；应将房间的老式内开窗户改成外开式或平移式窗户，一楼窗户的防护栏应符合消防要求，应急情况下防护栏能迅速打开。

3. 应急疏散路线：根据学生分布和建筑物结构，合理确定各班级疏散路线，合理分流。要建立规范，细化措施，保障大量学生在楼道相遇或意外情况发生等情况下不发生拥堵甚至踩踏。疏散路线要避免穿越公路、交通密集和易发生危险的路段。

4. 应急疏散用语：教职工在组织学生避险、疏散的整个过程中，应使用规范、简短、明确的疏散用语。

5. 应急警报信号：警报信号应具备很强的覆盖性、独立性和差异性，并考虑在断电等特殊情况下的备选方案。覆盖性：警报信号能有效地覆盖到学校的每个地点；独立性：在无法或不能及时采取广播等辅助手段的情况下，警报信号能独立向师生传递准确信息；差异性：与学校日常的铃声、广播声等声音要有所差异。避险信号和疏散信号也应有明显区分。

6. 疏散时间：从疏散信号发出到全体师生（除伤病师生外）疏散完成，原则上楼层较低（4层以下）、安全出口合理、通道通畅的学校应控制在2分钟之内。

7. 应急演练次数：中小学校每月至少要开展一次应急疏散演练，幼儿园每季度至少要开展一次应急疏散演练。应急疏散演练可与学校升旗、课间操、集体活动等相结合。在校生较多的城镇中小学、农村寄宿制学校要适当增加应急疏散演练的次数。应急疏散演练工作基础较好的学校要加强随机性应急疏散演练。在确保安全的基础上，有住宿学生和晚自习学生的学校要重点加强就餐时间、午休时间和夜间应急疏散演练。使用校车的学校，还应定期组织学生进行校车安全事故应急处理演练。可根据演练内容，以组、班或年级为单位进行小规模应急演练。

（二）建立演练组织机构

学校应根据演练方案的要求，建立健全演练组织机构。成立由校长、有关校领导及工作人员组成的演练指挥部（领导小组），全面负责演练活动的组织领导和协调指挥工作，同时落实每位成员在演练中的具体工作。设总指挥、副总指挥及相关成员。

主要职责：

1. 全面负责应急疏散演练工作。总指挥要亲自组织，现场指挥，确保演练效果。

2. 执行上级有关指示和命令，领导小组成员按其所在部门的职能、职责各负其责，认真做好应急疏散工作。

3. 合理划定学校及周边应急疏散场地（避险场所）、疏散通道，明确应急疏散信号，设立应急疏散指示标志，教育学生熟悉和掌握应急疏散方案。

演练指挥部应下设若干小组，明确职责，落实人员。

1. 组织协调组：负责演练方案的制定；演练过程的协调指挥；信息的上传下达、对外联系等。

2. 宣传报道组：负责安排演练前的宣传教育、演练的摄影、记录、计时、总结等。

3. 疏散引导组：负责科学编制和张贴学校应急疏散路线图、班级应急疏散路线等；引导、组织师生安全有序疏散；帮助伤病学生疏散并妥善安置；疏散完成后协助其他各组工作。

4. 抢险救护组：负责第一时间组织实施自救互救，抢救遇险师生，视情况抢救重要财产、档案等；检查学生身心状况、进行临时救治和必要的心理疏导；演练中发生意外事故，负责将受伤师生尽快运送到指定安全区域，并迅速联系急救中心或拨打120，在专业医务人员到达之前，救护组应对受伤师生采取必要的救助措施，为救治伤者赢得时间。预防次生灾害发生。

5. 后勤保障组：负责治安保卫工作，布设演练场地，维护演练秩序，拉响演练警报；通信、标识、广播、救助等演练所需物资装备的准备；检查、恢复学校水电、通信等后勤保障设施。

各小组应设立负责人，统一协调本小组工作。各小组演练前应充分了解本小组职责，并将职责落实到每位成员；演练中按照职责开展工作，在疏散完成后各小组负责人应及时向总指挥进行反馈、汇报。学校可视演练主题和学校实际情况调整演练组织结构，以保证演练质量。

（三）演练前宣传教育

学校应根据演练的主题，在演练前要依托校园网、校园广播、宣传橱窗、板报等传播载体，通过专题会议、班会、校会等多种途径和方式，向全校师生宣讲疏散演练方案，让师生明确演练的必要性和基本步骤，熟悉疏散程序、疏散信号、疏散路线、疏散顺序、疏散后的集合场地和时间要求等。有针对性地组织师生学习安全知识，掌握避险、撤离、疏散和自救互救的方法、技能。

（四）演练前师生身体问询检查

演练前要对师生身体情况做一次问询检查，凡有特异体质（先天性心脏病、癫痫等）的师生，演练前发烧、腿受伤等不宜进行紧张和奔跑活动的师生，要给予特殊考虑和安排。

（五）其他准备工作

1. 加强协调宣传工作。演练前学校应向教育主管部门报告。根据不同演练主题，教育部门、中小学要加强与公安、交管、地震、消防等部门的沟通协调，邀请专业人员到校指导，帮助学校完善方案，加强过程指导。学校可视情况通报相关部门和周边单位，并通过广播、网站、横幅标语等方式，预告演练的时间、地点、内容，避免发生误解、谣传和恐慌，保证演练安全顺利进行。

2. 印制演练相关文件。包括演练方案、演练人员手册、演练脚本等；酌情配备需要的装备器材，如：胸挂式应急工作证和指挥员、安全疏导员标志，手电、应急灯、口哨、对讲机、手持扩音器、医疗急救箱、灭火器材、警戒线等。

3. 张贴疏散线路图和指示标志。在每个教室、宿舍、办公室内或门后张贴应急疏散示意图，在教学楼、宿舍楼、办公楼、实验楼等场所疏导通道的适当位置张贴应急疏散示意图和到达避险场所的指示标识，避险场所应设置标有文字说明的指示标识、平面图和疏散示意图。指示标识、平面图和疏散示意图应当清晰完整、简洁规范、美观大方。

4. 准备演练器材。演练前后勤保障组要提出演练经费申请计划，根据需要购置或准备演练所需的烟雾发生器、警报器、场地标志等物品。

六、演练实施阶段

演练实施包括避险科目、疏散科目。一般情况下，防震疏散演练依次实施避险科目、疏散科目；消防疏散演练直接实施疏散科目；其他应急疏散演练应结合实际进行具体安排。学校可根据实际，酌情增加或强化医疗救护、卫生防疫、人员搜救、治安维护、火灾处置、危化品处置等科目及内容。

（一）避险科目

1. 总指挥宣布演练开始，广播响起："现在地震来袭，实施紧急避险"，同时避险警报信号（电铃声、警报声、哨声等）响起，长鸣60秒。

2. 听到信号后，在教室、实验室、宿舍的教职工应第一时间通知学生地震来袭，进行避震。在实验室等地点的教职工应迅速关闭火源、电源、气源等，处理好易燃、易爆、易起化学反应的物品等。

3. 师生避险要求：保持镇静，头脑清醒；就近蹲或躺在课桌、实验台、床铺的旁边或承重墙的墙根、墙角；用手或其他柔软物品等保护好头部，尽量蜷曲身体，降低身体重心，缩小面积，不要靠近窗口，避开灯扇，避免被砸；视情况就近关闭火源、电源等。避险动作原则上在

12 秒内完成。

（二）疏散科目

1. 火灾发生后或者地震暂停后，需要进行疏散时，广播响起："现在发生火灾（现在紧急避险结束），全体师生立即疏散"，同时，疏散警报信号（电铃声、警报声、哨声等）长鸣，长鸣 60 秒，停 30 秒，反复两遍为一个周期，时间共 3 分钟。

2. 在教室、实验室、宿舍等地点的教职工立即告知学生"按照疏散路线，快速疏散"，组织学生从前后门有序进行疏散，并且根据教室、实验室、宿舍等的位置，按照不同楼层，就近从疏散楼梯向下疏散。

3. 学生立即向避险场所疏散，要求：沉着冷静，服从指挥；所有学生应做到快速、猫腰、护头、掩鼻（遇到浓烟时，可利用衣服、毛巾或者其他可利用的东西捂住口鼻，并尽量降低行走姿势，以免烟气进入呼吸道。如果烟气特别浓而使人感到呼吸困难，可贴近墙边爬行，因为近地处往往残留清新空气）；不拥挤，不推搡他人，不起哄，不高声喧哗，不争先恐后，不拉手搭肩，不嬉戏打闹，不弯腰拾物，不逆流而行；在拥挤的人群中，注意双肘撑开平放胸前，形成一定空间保证呼吸；当发现自己前面有人摔倒了，马上要停下脚步，同时大声呼救，告知后面的人不要向前靠近；当自己摔倒时，应尽快爬起；当被踩踏时，要两手十指交叉相扣、护住后脑和颈部，两肘向前，护住双侧太阳穴，双膝尽量前屈，护住胸腔和腹腔的重要脏器。

4. 中高层楼房消防疏散逃生的有关要求：在 7 层以上中高层建筑物进行消防疏散时，严禁乘坐普通电梯（有条件的可以乘坐消防电梯）或跳楼逃生；处在 10 楼以下的学生可视情况利用楼梯道走廊向下逃生；12 楼以上的学生，可视情况用湿毛巾捂住口鼻后向天台奔跑或尽快寻找阳台等安全的地方躲避，等待专业人员的救援。有条件的学校可自备高空缓降器或救生绳，学生可以通过这些设施离开危险楼层，也可用身边的绳索、床单、窗帘、衣服自制简易救生绳，并用水打湿，从窗台或阳台沿绳缓滑到下面楼层，从而逃离起火层。

5. 疏散引导组在第一时间赶到指定位置（楼梯口、转角处、楼门口等）引导疏散，指挥学生保持秩序，控制速度，逐次疏散。同时视实际情况可喊“大家注意脚下，防止滑倒；保持秩序，不要拥挤；注意保护头部，小心坠物；有人摔倒了，大家小心；不要往回跑、不要捡东西”等提示语。帮助有困难的人员疏散。如出现拥挤摔倒等突发情况，负责疏散引导的老师应立即向指挥部报告，等险情排除后，再组织学生有序撤出。待学生疏散完毕后，方可撤离。

组织协调组做好演练指挥、协调等工作；宣传报道组做好演练的记录（摄像、摄影等）和计时等工作；后勤保障组做好报警等工作；抢险救护组做好伤员救治等工作。

6. 学生疏散到避险场所后，应按照班级形成队列在指定位置站好，避免混乱。班主任或负责统计的人员进行班级、年级人员统计；抢险救护组检查学生身体、心理状况，进行临时救治、心理疏导；后勤保障组检查学校各项设施、物资等。完成后，各小组负责人及时向总指挥报告，并根据总指挥的指令采取下一步行动。

7. 总指挥宣布演练结束。

七、演练总结阶段

（一）总指挥对演练进行现场总结讲评，内容主要包括演练组织情况，演练目标及效果，演练中暴露的问题及解决办法等。

（二）结合演练的主题和目的，可适当开展相应的安全教育。

（三）对演练场地进行清理恢复，回收整理演练物资装备。

（四）对演练进行总结评估，各部门和有关人员通过访谈、填写评价表、提交报告等方式，进行总结评估。有条件的学校可建立独立评价机制，聘请相关人员为整个演练进行测评。

（五）将演练文字及视频资料进行整理、保存。

第五节　合成实战演练实施

2016年××市大面积停电联合应急演练实施方案

一、演练时间

2016年6月7日 14:00—16:00

二、演练组织与人员

（1）主办单位：

××市经济和信息化委员会

国家能源局华东监管局

（2）协办单位：

××市交通委

××市公安局

××市应急救援总队

××国际旅游度假区管理委员会

××化工区管理委员会

（3）指导单位：

××市应急管理委员会办公室

（4）承办单位：

××市公安局110应急指挥中心

国网××市电力公司

××地铁集团有限公司

中国石油化工股份有限公司××高桥分公司

××花园饭店

（5）参演单位：

国网××检修公司、国网××浦东供电公司、国网××市区供电公司、国网××金山供电公司、国网××奉贤供电公司、××燃气轮机电厂、××度假区运营管理有限公司、××地铁第四运营有限公司、××花园饭店等。

（6）演练总指挥：

××× ××市人民政府副秘书长

（7）演练指挥长：

××× ××市经济和信息化委员会副主任

（8）演练观摩贵宾、嘉宾：

国网公司安全副总监

国网公司安质部主任等相关人员

国网公司华东分部观摩人员

国网公司相关省市观摩人员

××市政府相关委办局观摩人员

（9）演练评估专家组成员：

组长.

××× 国家行政学院教授

成员：

××× 复旦大学公共安全中心主任

××× ××行政学院副教授、博士

三、演练地点

（1）主会场：

××市 110 应急指挥中心专项指挥室

××市 110 应急指挥中心观摩室

（2）分会场：

国网××市电力公司应急指挥中心

××度假区管委会应急指挥中心

××化工区应急响应中心

××地铁应急指挥中心

（3）同步演练点：

国网××市电力公司调度大厅、××燃气轮机电厂、1 000kV 特高压练塘站、高桥石化金山厂区、××花园饭店、轨道交通 11 号线康新公路站、迪士尼园区、康华苑小区、宝山路漠河路口。

四、演练模拟背景情况

此次演练模拟时间为 2016 年 6 月夏季用电高峰期间。××地区受突发飑线风灾害天气影响，致使××电网内多处 1 000kV、500kV 设备发生故障，1 000kV 特高压练塘站 2 号主变跳闸，复奉、葛南、林枫、宜华直流输电设备发生换相失败，××电网遭受严重破坏，500kV 杨行、顾路、亭卫分区发生区域性大面积停电，××电网内 33 座 220kV 变电站、57 台 220kV 主变停运，全网减供用电负荷约 546 万千瓦。

五、演练进程

（一）开场

（1）参演单位介绍。（播放资料短片）

（2）出席嘉宾及专家介绍。（解说＋字幕）

（3）总指挥宣布演练开始。

（二）事故报告及先期处置

（1）灾害及故障情况介绍。（资料短片＋解说）

（2）国调华东分中心通知国网××市电力公司调控中心事故情况，

并组织开展华东电网事故先期处置。（桌面推演）

（3）国网××市电力公司调控中心向公司应急指挥中心紧急报告电网事故，并即时处置。（桌面推演）

（4）国网××市电力公司根据预案转入一级应急响应状态，第一时间向国家电网公司、××市政府应急指挥室、××市政府总值班室、××市应急联动中心报告相关情况。（模拟）

（5）国网××市电力公司向××市经信委、华东能监局报告相关情况。（桌面推演）

（6）××电网先期处置，启动黑启动方案。（实战模拟）

（7）××地铁向××市交通委报告停电情况。（桌面推演）

（8）高桥化工向××化工区应急响应中心汇报停电情况。（桌面推演）

（9）××化工区应急响应中心向××市经信委汇报。（桌面推演）

（10）××度假区运营管理有限公司向××国际旅游度假区管委会报告停电情况。（桌面推演）

（11）××国际旅游度假区管委会向××市经信委汇报事故情况。（桌面推演）

（12）××市经信委向总指挥报告。（桌面推演）

（二）故障抢险及衍生灾害处置

（1）总指挥宣布启动全市二级应急响应，成立市应急处置指挥部。

（2）“××发布”“××市突发事件预警信息发布中心”等平台向全市披露大面积停电有关信息。（实战模拟）

（3）95598接受市民热线询问，稳定市民情绪。（实战模拟）

（4）公安、消防等应急队伍紧急出动。（实战模拟）

（5）公安交警现场指挥交通，开辟“绿色通道”。（实战模拟）

（6）××地铁组织开展站台人员疏散演练。（实战模拟）

（7）××花园饭店停电应急处置。（实战模拟）

（8）大华居民小区停电应急处置。（实战模拟）

(9) 迪士尼用户自备电源供应不足，度假区管委会向市指挥部请求电力支援。(桌面推演)

(10) 市指挥部向市电力公司下达支援指令。(桌面推演)

(11) 市电力公司1 000kV练塘站前期处置，清除故障点异物，做好设备抢修准备。(实战模拟)

(12) 高桥石化消防、医疗、电力开展危险化学品次生衍生灾害应急处置。(实战模拟)

(13) 市电力公司开展1 000kV练塘站故障设备抢修。(实战模拟)

(四) 联动处置

(1) 交警带领浦东供电公司应急供电队伍进入迪士尼园区。(实战模拟)

(2) 迪士尼用户与市电力公司应急救援队伍配合开展应急供电。(实战模拟)

(3) 地铁、公安、消防、公交力量联合开展停运地铁人员疏散。(实战模拟)

(五) 事件解除

(1) 市电力公司1 000kV练塘站抢修结束，并向市电力公司指挥中心汇报。(实战模拟)

(2) ××电网逐步恢复供电，市电力公司调度中心向市电力公司指挥中心汇报电网恢复情况。(桌面推演)

(3) 市电力公司向市应急处置指挥部报告电网恢复情况。(桌面推演)

(4) ××地铁向市应急处置指挥部报告运营恢复情况。(桌面推演)

(5) 高桥化工向化工区指挥部汇报电力恢复情况。(桌面推演)

(6) 化工区指挥部向市应急处置指挥部汇报电力恢复情况。(桌面推演)

(7) 度假区指挥部向市应急处置指挥部汇报电力恢复情况。(桌面推演)

（8）市应急处置指挥部根据情况报告，向总指挥建议解除全市二级应急状态。（桌面推演）

（9）总指挥宣布解除应急状态，结束演练。

六、专家点评、领导讲话

略。

四川阿坝州突发性地质灾害综合应急演练①

【按：“5·12”汶川特大地震致使震灾区地质环境遭到破坏。震中映秀镇地质灾害隐患点60处，严重威胁3 000余人的生命财产安全。2011年6月22日，由阿坝州人民政府主办、汶川县人民政府承办的阿坝州突发性地质灾害综合应急演练在汶川县映秀镇举行。】

2011年6月22日，汶川县映秀镇1 000余名干部群众，以及州和县政府总值班、应急、公安、民兵、消防、综合应急救援、道路交通、医疗防疫、广播电视、电力抢险、地灾监测、应急爆破、防汛、气象、通信保障、成品油保障等38支队伍、600余人参加演练，运用了动中通指挥车、叉装机、79式班用冲锋舟、莱福生命探测仪、音视频生命探测仪（蛇眼）、音视频指挥系统、液压镐、无齿锯、机动链锯等30多类、80余件先进救援设备，动用130余辆各型车辆、机械。全州13个县、卧龙管理局、223个乡（镇）派员观摩，观摩人员达1 500余人。

此次演练设置了4大科目、23个场景、54项演练作业，涵盖了监测预警、指挥决策、群众避险转移、临时救助、应急救援、特种搜救、水上救援、医疗救护、卫生防疫、道路抢通、应急爆破、通信保障、交

① 此部分内容根据《阿坝州集结映秀演练地质灾害综合应急》（新华网，2011年6月22日）、《震中映秀2小时“生死”大营救——直击阿坝突发性地质灾害应急演练》（《四川日报》，2011年6月23日）、《应急演练　阿坝多种方法救人》（《成都商报》，2011年6月23日）等报道整理。

通管制、物资保障、集结开进等应对处置突发性地质灾害十几个方面的工作。

第一科目：监测预警和决策指挥

时间：9:30—10:00

9:30，急促的电话铃声响起。“近日全州普降大雨，预计今晚到明天，汶川漩映地区有大到暴雨，强降水诱发地质灾害危险性升级。”接报后，阿坝州政府总值班室立即向各县传达预警信息。

预警信息在“中国阿坝州”门户网站和“阿坝州政府应急管理网”反复闪动。电信、移动、联通公司发送手机短信，向公众发布预警信息。

在汶川县政府总值班室，值班人员立即通过应急对讲系统通知各乡镇，通知迅速到达村组、农户、企业、一线施工队伍。

接着，阿坝州民兵应急营、州和县综合应急救援队、消防、公安等抢险救援力量向漩映地区开进……

第二科目：群众紧急避险转移

时间：10:05—10:30

汶川县委和县政府主要领导、分管领导带领公安、国土、水务等相关部门负责人赶到牛圈沟附近的映秀镇张家坪村，与先期赶到现场的镇、村干部组建起前线指挥部。

10:05，“报告，根据地质灾害监测仪器显示，牛圈沟出现临灾征兆，非常危险。”“报告，牛圈沟已出现泥石流暴发前兆，建议立即组织张家坪村及附近群众紧急避险转移。”汶川县县长张通荣向总指挥报告。“我命令，立即转移受威胁地区群众，确保安全。”随着现场总指挥一声令下，映秀镇拉响了防灾救灾电声警报。

10:15，映秀镇政府立即按照预案组织受威胁地区群众进行紧急避险，镇和村干部、民兵骨干以及公安干警采取手摇报警器、手持喊话器及敲锣打鼓、逐户通知等形式，组织村民按紧急避险路线进行疏散。当大多数群众安全转移到临时避灾广场后，为不遗漏一名群众，工作人员又开始进行拉网式清理工作，逐户检查是否有遗留人员。七一映秀中学的学生也按照预案规定，紧急疏散到操场避险。

10:30，在前沿观察哨，一双双警惕的眼睛密切关注泥石流发展情况，一旦有险情，将立即通知群众再次转移。

在临时避灾场所，工作人员开始动用救灾储备物资向群众提供临时生活救助。

第三科目：抢险搜救

时间：10:40—11:10

10:40，模拟显示，大规模泥石流暴发，泥浆裹挟着石块、沙土沿沟倾泻而下，所经之处房倒屋塌，破坏巨大。

“目前，有7名群众下落不明，请求立即搜救。”接到映秀镇的报告后，张通荣部署：“综合应急救援队、民兵、医疗队立即赶赴现场开展搜救。”

阿坝州和汶川县综合应急救援队、民兵应急营、消防部队、公安干警、医疗救护队、阿坝电信抢险应急队等救援队伍火速赶赴灾区一线。在行进途中，救援队伍遇到泥石流堆积体阻断交通，车辆无法通行。没有犹豫、没有停留，消防官兵、民兵、公安干警、医护人员携带着救援装备徒步翻越泥石流堆积体，向着灾区一线挺进。

救援队伍抵达灾害现场后，经过现场紧急勘察，为确保救援人员安全，应急救援队的消防官兵设置了险情监测预警哨，在高处瞭望，随时掌握可能发生的紧急情况，确保救援人员安全。

随即，消防官兵、民兵手持生命探测仪、音视频生命探测仪、音视频指挥系统、液压镐、破碎钳等先进救援装备，展开地毯式搜寻。

在交通阻断点附近，阿坝州民兵应急营三连在泥石流冲击区发现两名被困群众，1人被困岷江河中的回水区、1人被困泥石流形成的堆积体上，地形对救援工作不利。阿坝军分区装备的叉装机立即紧急出动，快速将被困群众安全救出。

泥石流冲入岷江形成堰塞湖，民兵应急营三连驾驶5艘冲锋舟在河面劈波斩浪，编队航行，搜寻被困人员。在上游不远处，两名群众被困在堰塞湖淹没的房屋屋顶，冲锋舟迅速出击，将被困群众安全救出。

牛圈沟左侧山崖崖底，消防官兵发现了一名受伤人员，由于地势陡峭、垂直落差大，传统救助方法难以快速下到现场，高空山岳救援作业此时大显身手。消防救援官兵通过单绳速降动作，瞬间下到崖底，将被困人员牢牢固定在救援绳索上向上拉升，整个救援仅仅用时不到5分钟。

在泥石流冲刷后的河谷中间，1名受伤群众躺在地上不能动弹。面对被阻隔在对面的被困群众，消防救援官兵运用横渡竖井救助作业，利用救生抛投器、螺旋救助绳、滑轮、止滑器、上升器、多功能担架等救援设备，搭建起一条立体救生通道，成功将被困群众救出。经过生命探测仪的仔细搜寻，在牛圈沟口的倒塌水泥房屋内，发现了生命迹象。确定了被埋压人员的准确位置后，展开生命紧急营救。消防救援官兵运用液压镐、无齿锯、机动链锯等先进的破拆工具，通过木质撑顶框架开辟救生通道、倒塌屋顶风镐破拆、屋顶下支撑救援等方式进行营救。4名医疗救护队员加入救援行列，两位向被困者提供生命维持，两位进行心理疏导，确保被困人员安全获救。经过紧张的救援和等待，被深埋废墟的群众被成功救出，经过救援人员的手手相送，被困群众被紧急送往医疗救护点。

医疗卫生部门在距灾害现场最近的地区搭建起临时医疗点，被救出的群众被送到医疗点后，立即得到了紧急救治和悉心照顾。卫生防疫人员也同时在灾害现场展开了环境卫生消杀灭工作。

第四科目：道路抢通保通

时间：11:15—11:30

11:15，“报告前线指挥部，泥石流阻断主干道路，出州通道受阻，请求实施临时交通管制，疏导经汶川方向出州车辆绕行。”阿坝州公安局指挥中心接到报告后，命令汶川县城、茂县两河口等重要交通卡点立即实施临时交通管制，疏导经汶川方向出州的车辆绕行其他路线，为抢通保通创造条件。

阿坝州应急救援爆破服务队奉命赶到现场，对阻断道路的障碍物进行爆破作业。

11:20，“轰”的一声巨响，巨型障碍物被炸成小块。随后，4 台挖掘机、4 台装载机和 6 台自卸车鱼贯而入，从左右两个方向齐头并进全力开展抢通。交通、公路部门在阻断道路上开挖出一条临时便道，恢复了道路交通。

11:30，一辆辆受阻车辆缓缓通过阻断道路，映秀又恢复了与外界的“联系”。

第六节　综合实战演练实施

2012 年深圳地铁综合实战演练的实施

2012 年深圳地铁综合实战演练是一次以训练有关响应人员和响应机构提高应急管理和处置能力的演练。

一、概况

深圳市此次实战演练不预先编排脚本和台词，不预先集结演练队伍，不预先告知演练具体时间，不预先进行演练。演练力求真实模拟地铁运行过程中可能发生的突发事件，检验各有关单位的应急处置能力和协调联动机制。演练也是为了检验中德灾害风险管理项目重要子项目——地方政府灾害风险治理与预案优化试点项目成果。

演练内容主要包括：地铁火灾应急处置、信息报送和新闻发布、人员疏散安置和转运、行车调整、交通管制和疏导、伤员转运救治、预警信息发布、部门应急联动、指挥通信和后勤保障、公众自救互救等十个科目。

为了实施此次演练，主办方提前一个月即采取了告知社会公众、开展相关科普宣教活动、对有关人员进行培训等活动。在演练前设计了参演者手册、评估人员手册。

演练当天，由主管副市长担任演练总指挥，坐镇市应急指挥中心指挥演练活动。市宣传、应急、公安、交通、卫生、消防、气象部门，以及南山区、地铁集团、巴士集团、业余山地救援服务队等单位约 1 000 人，两架直升机、100 多辆救援车辆参加演练。

国家行政学院应急管理培训中心、德国国际合作机构、广东省政府应急办、部分兄弟省市应急办、香港特区政府保安局、德国柏林市消防局等单位负责人观摩了演练。

国家行政学院和有关机构专家七人组成了评估小组，负责对演练进行观察评价和提交评估报告。

二、演练实施

（一）事故现场

9 月 13 日 13 时 30 分，地铁蛇口线一辆列车因车厢内着火，导致车体受损而紧急制动，停靠在离湾厦站 50 米处。

“事故”发生 2 分钟后，地铁工作人员协同辖区民警火速赶往现场开展营救，地铁检修工作一并进行。约 4 分钟后，大批乘客从地铁站里逃出来，沿途均有民警和地铁工作人员进行疏导。7 分钟后，深圳消防支队赶至现场，取出站内消火栓灭火。

此时，事故现场“火势”仍在蔓延，站内部分设施断电，整个站厅浓烟滚滚，挡住了疏散道路。消防队员打开专用配电箱，接上电源，开启气动升降照明灯，并在地上铺起闪烁着彩灯的紧急指引带。工作人员、志愿者和民警在电梯出口为乘客分发毛巾，引导疏散。

站外已设立轻伤救援点和重伤救援点，地铁工作人员正在为“伤员”登记身份信息。由急救医生为“伤者”作出伤情鉴定，给他们戴上不同等级伤情的彩色牌，然后分批送往医院。

13 时 45 分，站台突然发出“嘭”的声响，车站发生了“二次爆炸”，救援形势更加危急。此时，列车上的乘客仍未全部疏散，部分乘客因“受伤”被陆续抬出。站厅外，2 名“中、轻度伤员”在志愿者的看护下，正在进行简单救治。

随后，救护车陆续赶至现场，一批“重伤员”首先被送上车。深圳特警还专门调动一架直升机，在邻近的十字路口降落，将有生命危险的“伤员”送上飞机。

14 时 6 分，湾厦站内人员疏散、救治完毕，站内设施检修基本完成，排烟工作仍在继续。除该站暂时退出服务外，蛇口线全线其他各站恢复正常。

14 时 45 分，事故处理完毕，蛇口线全线服务恢复正常。

14 时 52 分，本次综合应急演练结束。

（二）应急指挥

事发第一时间，涉事轨道交通运营企业的控制中心（以下简称“控制中心”）立即将情况向市轨道交通应急指挥协调中心（以下简称“协调中心”）值班室报送。

协调中心汇总并核实控制中心信息，上报市交通运输委总值班室申请启动分流接驳专项预案。市交通运输委总值班室与市巴士集团联系，提出公交接驳要求，并将情况上报指挥小组。根据呈报信息，指挥小组发布分流接驳方案启动指令。

13 时 44 分，市交通运输委总值班室同意启动赤湾—海月公交接驳工作。

在深圳市应急指挥中心大厅，屏幕上分列着列车内部情况、湾厦站人流监控、道路实时监控等实时图像。

（三）信息发布

应急演练启动后，深圳市交通运输委、深圳地铁集团分别在 13 时 50 分、13 时 57 分发出第一条微博，告知市民蛇口线部分中断的消息。

14 时 1 分，气象局接到群发应急信息通知后，于 14 时 3 分开始紧急向手机群发送现场救援信息，每秒钟 600 条，至 14 时 41 分，共发送短信 68.76 万条。

三、事后评估

此次演练的评估反馈活动有如下几项：

（一）参演者自我反思

此次应急演练结束后，设在湾厦线 B 出口的“事故现场指挥部”向在现场观摩的媒体通报了在此次演练中深圳地铁应急处置环节暴露出的问题。

问题 1：部门协调有待加强。以现场排爆为例，排爆组到达现场后，与现场人员难以有效对接，以至于不知道爆炸物在哪儿。

问题 2：地下通信成难题。在演练中，通信成为救援工作的一大障碍，有不少救援队员拿着对讲机上下跑，没有按照之前的要求调整对讲机模式，导致通信中断。

问题 3：重救援轻反馈。在此次应急演练中，各部门的应急速度和效果得到了相当程度的肯定，但信息反馈方面还需要改进。此次交警、公交系统、南山区公安分局等多个部门主要将精力放在处置情况上，在信息报送方面还是有所疏漏。信息报送不及时，很可能影响总体作战效率。

（二）现场专家点评

国家行政学院应急管理培训中心主任乔仁毅认为，这次演练非常成功，有自己的特点。它是高度仿真的，真实性强，没有事先写脚本和台词，没有事先合成演练。这是深圳在全国领先的，很有新意。一个问题是，通信联络不顺畅，组织救援时信号不畅。德国国际合作机构中德灾害风险管理项目主任周科认为，除了演练中有信号故障等问题外，演练效果非常好，整个指挥运作、责任分配和结果效果都很不错。

（三）评估组报告

演练后的第二天上午，评估组集体开会，详细回顾了有关细节，并将 2 000 多字的初评报告提交主办方。报告中梳理了七个方面的几十个需要改进的具体问题。

附　录

附录1　应急决策基本知识

【按：在应急演练中，指挥部应急决策是一个关键环节。本附录给出一个应急决策的基本模式，可以供演练时参演者参考使用，也可以供演练组织者计划、设计和组织实施演练时参考。】

应急演练的核心是决策，特别是对于应急管理人员的演练而言。应急演练主持人应了解应急演练决策的基本模式。在演练前，要根据演练任务的要求，引导参演者选择合适的决策模式进行演练。

一、应急演练决策的模式

应急演练决策依据应急处置时间和问题情境的不同需要采取不同的

模式。

（一）直觉决策模式

直觉决策模式是根据已有的经验直接得出决策方案的决策模式。直觉决策模式是在突发事件发生的初期，往往是紧急响应期需要采取的模式。在突发事件刚刚发生时，往往情况紧急，需要决策者根据已有的经验立刻作出决定，例如决定紧急向上级报告、紧急组织救人、紧急控制危险源等。

此外，在突发事件处置的任何时点，如果出现需要紧急处置的情境，就需要采取直觉决策模式，迅速作出决定。

在直觉决策模式中，决策者往往直接根据原始信息，在大脑中自动通过对信息的分析、综合、判断，得出决策结果。直觉决策模式可以用附图 1－1 表示。

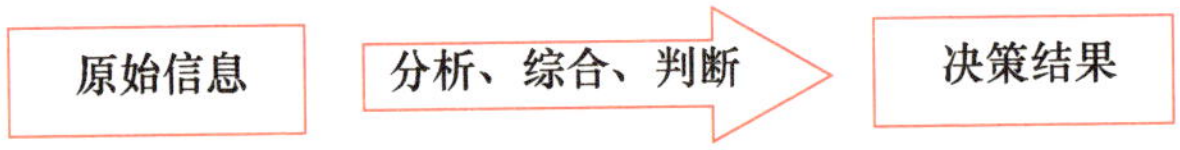

附图 1－1　直觉决策过程

直觉决策模式往往是由主要决策人采取独断专行式的个人决策，或者是极少数人的简单会商决策。这种决策模式的优点是快，缺点是质量往往难以保证。因此，在应急演练过程中，往往只是在演练开始的环节（模拟突发事件初发）或演练过程中的个别紧迫时点鼓励参演者采用这种直觉决策模式；在更多的时候，演练主持人应引导参演者从习惯性的直觉决策模式，转变到采用满意决策模式或最优决策模式。

（二）满意决策模式

满意决策模式也称满意化决策方略，是指通过系统的分析得出能够让各相关方比较满意的决策方案的决策方略。在应急处置的多数时候和场合，应当采取满意决策模式，因此，在应急演练过程中，主要是采取满意决策模式。

在应急演练决策中，满意决策方略要求决策者对于原始信息进行多角度的问题分析和预测，在此基础上，首先得出显性化的预测信息，即找出尽可能多的事实和可能的情形；然后对信息进行分类、排序，得出结构化的预测信息，即找出需要解决的问题的先后顺序；最后，对应这些结构化的信息（即突出了重点问题、深层次问题的信息），作出系统决策。满意决策过程如附图 1－2 所示。

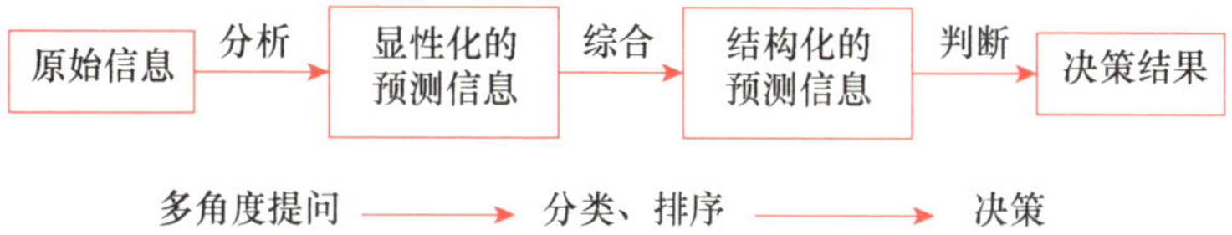

附图 1－2　满意决策过程

尽管满意决策模式在情况十分危急的情况下并不能照搬使用，但经过这种训练，可以锻炼应急管理人员在短时间内更加周全地考虑问题，更加准确地作出决策。

（三）最优决策模式

最优决策模式也被称为最优决策方略，是力图根据准确的信息作出精准的决策。在应急决策中，对于一些科学问题和事关群众利益问题，如果时间、资源等条件允许，应采取最优决策模式。例如，对于未来可能发生的洪水，可以在根据模型测算被淹没区域的范围的基础上，作出准确的疏散人口的决策。又如，对于群众灾后过渡安置的政策，应在调查研究的基础上，作出审慎的、精准的决策。

在应急演练的决策中，如果条件允许，可以尝试在部分决策环节推动最优方略决策。

二、问题分析方法

在应急管理的满意决策模式中，对问题的分析是其中的重要环节，本书侧重于介绍多角度提问法、前瞻分析法、头脑风暴法三种分析方法。

（一）多角度提问法

应急演练主持人可以引导参演者从多个角度思考和回答问题，引导参演者更多地找出问题。例如，可以要求参演者思考并回答：

（1）这个事件会怎样发展演化?

（2）人民群众有何需求?

（3）政府面对什么样的难题和挑战?

此外，还可以引导参演者从所有不同利益相关者的需求的角度进行问题分析。

所有这些分析都以尽可能提出更多的问题为导向，目的是充分发现问题，揭示可能的复杂性。除了上面这两种思路，三轮提问法也是不错的方法。

三轮提问法是德国联邦应急管理学院所倡导的桌面演练的基本方法。这种问题分析方法看起来非常简单，但在德国应急管理培训中取得了非常好的效果，并被广泛应用于实际工作之中。这种推演方法可以在场景信息比较少、不完整的情况下，让指挥部在很短的时间内，用很简单的三个问题，较为详细而全面地讨论某种突发事件可能带来的各种问题。

三轮提问是指在突发事件发生后召开的指挥部会议中，演练主持人或总指挥以三轮提问的结构化方式与其他参演者进行互动，来搜集和推断突发事件发生初期可能面临的问题。

第一轮提问：要求参演者从普通公民角度，回答突发事件可能给自己及亲朋好友造成哪些不便，带来哪些问题。

第二轮提问：要求参演者从职业角度，回答在这次突发事件中，自己的工作职责范围内可能会出现怎样的问题。

第三轮提问：要求参演者根据已有的回答，对突发事件造成的问题进行更为广泛和全面的补充。此外，在决策阶段新发现的问题也要补充进来。

在三轮提问的前两轮，首先由参演者将自己想到的问题写在纸条上（每个问题一张纸条，只写关键词），然后由总指挥指定发言顺序，所有参演者轮流说出自己想到的问题。这个轮流发言过程不应被打断。在第三轮补充回答环节，提出新问题的参演者先把自己想到的问题说出来，经总指挥确认之后，再写下来。

参演者在说出自己想到的问题时，速度不能太快，要大声地说，只说问题不做解释，更不谈措施。当参演者在三轮提问中将问题与措施混同在一起时，主持人需要强调指出，这个纸条上的信息不是问题，而是措施，要删掉或重新表述。

由参演者主导的三轮提问将主动权完全独立地交给参演者，由总指挥来组织指挥部成员进行分析、讨论，最后作出决策。这种方法存在一些风险。比如，参演者可能会忘记作决策，可能会跑题，可能会争吵，也可能会成为“一言堂”。因此，这种方法对参演者的要求很高。他们既要了解应急管理的相关知识，还要有类似桌面演练的经验，懂得演练的流程与方法。如果参演者在实际工作中也是在指挥部中担任相应的职务，能够快速进入角色，就比较适合采用这种方式。

在运用完全独立地交给指挥部自己处理灾情的推演方法时，一旦推演过程中出现不协调、混乱的局面，演练主持人可以冷静地观察等待5～10分钟。如果还无法回到有序的讨论状态，催化师就需要打断参演者的讨论，引导参演者回到正轨，或者运用更适合的推演方法继续进行推演。

当参演者不能快速进入角色，对推演感到无所适从时，通常采用演练主持人主导的推演方法。在这种情况下，主持人通过几个引导性问题带领参演者进行演练。这些问题能够给参演者指明方向，使参演者能够进行创造性的思考与讨论，并且比较顺利地作出决策。

（二）前瞻分析法

前瞻分析法是以时间维度的变化来进行提问的方式。这种方式一般应用于突发事件已经发生并倾向于动态发展的过程。每个参演者要分析在突发事件发生 8 小时之内、24 小时之后、72 小时之后会发生什么事情，考查的是参演者对未来的规划和预见能力。

（三）头脑风暴法

头脑风暴法即不预设具体的问题方向，只是要求参演者尽可能多地思考所面对的问题。这种方法是通过参演者之间的信息交流，引起思维共振，产生组合效应，从而使参演者彼此激发创造性的思考，通过激烈的甚至是彼此面红耳赤的讨论使大家明确所面对的问题。

此外，还可以将各种方法组合起来运用，如主持人可以先以核心的、引领性的问题开始，然后再运用三轮提问的方法获得更多的问题，再使用前瞻分析法分析可能漏掉的中长期问题。总之，可以运用多种方法的任意组合方式来进行推演。

三、问题综合方法

通过发散式的问题分析方法，参演人员会得到许多问题，对这些问题需要通过分类和排序加以综合整理。

所谓的分类就是对所有问题进行归类。通常要归为信息类、处置类、后勤类、舆情类等类型。具体要分成多少类，以及如何命名不同的类别，应由参演者自己来决定。

所谓的排序就是在每一类内部，对问题依据重要性、紧迫性、危害性的大小综合考虑，进行合理的顺序安排。其中，排在前面的就是下一步决策要优先解决的问题。

因此，经过分类和排序，应急处置中要面对的问题就被结构化了，下一步的决策就有了坚实的基础。

四、应急演练决策方法

应急决策面对的是一个开放的、复杂的系统，决策环境非常严峻。首先，决策信息具有很大的不确定性和局限性，决策环境处于复杂多变的状态；其次，决策程序和常规决策有很大的不同，决策时限的要求往往十分紧迫；最后，由于信息的不完整和任务的紧迫性，应急决策具有很高的风险性，可能会出现与决策目标大相径庭的结果。因此，在进行桌面演练时，需要帮助参演者掌握某些特定的决策方法。

这里重点介绍三种应急决策思路，即预案匹配法、案例推理法和多目标抉择法。这些方法在演练中可以混合使用。

（一）预案匹配法

预案匹配法是一种基于应急预案的应急决策方法。这种决策方法基于应急处置的指挥机构、流程步骤、法理依据等都必须以预案为前提和基础，要求决策者将需要决策的问题及决策目标与应急预案相匹配，从而得到决策方案。

（二）案例推理法

案例推理法是通过使用案例推理技术，将决策问题与过去的案例进行匹配，从而进行决策。该决策方法利用过去经验中的特定知识，通过寻找与之相似的历史案例，从而把历史案例中的处置方法重新应用于新的问题。

（三）多目标抉择法

应急决策通常是对多个相互矛盾的目标进行评估，然后从备选方案中选取最佳方案的决策过程。因此，需要考虑多个目标的满足程度，对多个方案进行排序，从中选出最优方案。

需要提及的是，在应急决策中要以问题为导向。不论采用哪种方法，前述的问题结构清单中的主要问题都要有妥善的应对方案。

附录 2　应急沟通基本知识

【按：在应急演练中，应急沟通也是应急处置过程中的一个关键环节。本附录给出应急沟通的基础知识，可以供演练时参演者参考使用，也可以供演练组织者计划、设计和组织实施演练时参考。】

应急演练中的沟通主要涉及信息报送与处理、信息发布、议题管理、舆论引导等。这些内容与方法也是参演者在演练前应当了解的。

一、信息报送与处理

信息实行分级上报，归口处理，同级共享。信息的报送与处理，应快速、准确、翔实，重要信息应立即上报，因客观原因一时难以准确掌握的信息，应及时报告基本情况，同时抓紧了解情况，随后补报详情。属一般性险情、灾情，按分管权限，分别报送本级指挥部和相关职能组负责处理。凡因险情、灾情较重，按分管权限一时难以处理，需上级帮助、指导处理的，经本级指挥部负责人审批后，可向上一级指挥部上报。对需要指挥部采用和发布的灾害信息，应立即调查询问，尽量准确地获得。

二、信息发布

信息发布形式主要包括组织报道、接受记者采访、举行新闻发布会、官方微博和微信等。

（一）及时发布信息，掌握舆论主导权

及时发布有关突发事件事态发展和应急处置工作的信息，是《中华人民共和国突发事件应对法》第五十三条的明文要求。在实际突发事件应对中，要快讲事实，重讲态度，慎讲原因。要采取知道多少、查明多

少，就讲多少的慎重态度。

（二）梯度发布信息，保障受众的知情权

在事件的不同发展阶段，公众对信息需求的关注点也在不断发展。事件爆发期，公众主要关注事件的现状、救援情况；事件持续期，公众主要关注事件的起因及进一步的处置措施；事件消解期，公众主要关注事件发生发展的深层次根源和对相关负责人的处理。因此，在不同阶段要注意突出信息发布的重点。

（三）坦诚发布信息，保障受众的话语权

保持坦诚的态度，面对危局不逃避，敢于承担责任。同时，要容许受众发表不同的看法，依法保障受众的话语权。

（四）统一发布口径，保证信息的一致性

应急指挥部，尤其是宣传报道组要实现内部信息的有效互通，保证上下信息的一致性，统一发布口径。

三、议题管理

要对传统媒体、网络媒体、社交媒体有关突发事件的新闻信息进行监测，对突发事件中出现的舆情动态及时了解、动员协调，借助现代传播手段和平台有效引导舆论。对媒体和舆论关注的议题含糊其词甚至沉默不语，就会引起公众的质疑和不满。

议题管理可以通过对突发事件中出现或者可能出现的问题和需求进行分析，为决策提供参考。议题管理包括以下 4 个连续不可分割的步骤：

（1）议题的识别。对舆情进行分析研判，确定议题的内容、本质、出现时机以及潜在的正负面的影响。

（2）议题的预警与监测。确定管理的议题后，建立预警机制，定时观察议题的发展趋势和影响范围，以及大众媒体、社交媒体、意见领袖、专业精英、公众的态度与立场。

（3）议题的分析与研判。分析议题各个利益方的动机、角色和可能产生的影响，以及政府在该议题上的定位、挑战和契机等，确认议题的优先顺序，对重点议题制定相应的传播策略。

（4）议题的传播。议题管理最终要通过议题传播来实现。可以通过官方网站、官方微博、召开新闻发布会等方式，选择适宜的传播策略就相关议题与媒体和公众进行对话。

四、舆论引导

舆论引导要把握好下述环节。

（一）第一时间

突发事件中向公众传递信息的速度其实是政府对危机的反应速度，预示着应急响应已经启动，事态发展得到控制。危机传播要遵循“第一时间”的原则，不能等问题全部搞清楚才发布信息，重要的是向公众表明政府的立场和态度。如果公众没有得到任何消息，就会认为政府未能对危机作出及时的反应，从而可能对政府失去信心。通常的做法是先以网站、微博、微信等“微发布”形式发布简短声明表达关注，然后选择其他新闻发布方式传递深层次的信息。

（二）应对谣言

“不确定性”充满了突发事件处置全过程，因而谣言是危机沟通需要关注的重点。“谣言止于公开”。除了要及时澄清事实，“坦诚开放”是应对谣言的有效策略。

（三）议程设置

议程设置是媒体、公众、政府对某一关注事件表达态度和施加影响的一种方式。应急指挥部的议程设置是引导突发事件舆论的重要方面和环节。在突发事件应急处置过程中，公众和媒体的关注和需求是多方面的，政府需要将公众和媒体的注意力吸引到官方想传达的关注点上。

附录3 应急指挥部工作概述

【按：在应急演练中，应急指挥部往往是演练的主要载体。鉴于我国尚无关于应急指挥部机构与工作流程的统一规范，这里给出一个基本框架性参考，可供演练前培训和组织参演者演练时使用。】

桌面演练实施过程就是模拟实战时的应急指挥部工作过程，在实战演练的实施过程中，应急指挥往往是其核心部分。参演人员所模拟的应急指挥部要对初始场景进行了解与研判，并在掌握全局情况的基础上，随着时间的推进，根据形势的发展变化，不断作出决策，协同内部工作，对外发出合理的指令。而在此过程中，演练组织者（包括导调员和模拟员）起到了演练的导演者的作用。

一、指挥部组成及角色职责

参演者是模拟演练的主体和主要参与者，通常每个参演者都要承担一个具体确定的角色。参演者可分为两种情况：一是来自一个真实的成建制指挥部，他们在演练中扮演与现实情况中一样的角色；二是来自不同岗位的参演者组成的一个指挥部。后者在演练中分别扮演应急指挥部成员，如某县（区）应急总指挥部的总指挥、副总指挥、综合组组长、救援组组长、后勤组组长、治安组组长、医疗组组长、宣传组组长、交通组组长等，但他们都不是从事这项工作的。在后一种情况下，为了确保演练质量，有时也可以由演练组织者扮演个别关键角色。

每个指挥部的成员，都应清晰地了解自己所扮演的角色以及这个角色被赋予的职责，了解指挥部的层级和权限，了解其他指挥部成员的职责等相关内容。为帮助参演者更好地承担相关角色，一是需要提前发放有关资料并布置熟悉演练背景和角色方面的作业；二是需要召开演练预备会，在会上对参演者进行演练动员，明确参演者的角色职责，回答参演者的疑问。

参演者针对给定的假想情况，研究解决方案，从各自角色出发，表达所在演练组和决策者的决心和意图。在演练组织实施阶段，应提醒参演人员：不质疑演练场景；沉浸角色，各司其职；积极参与，深入讨论；对重要决策问题追根究底；发挥团队合作的精神。演练指挥部的主要组成部分是决策层、综合协调组、宣传报道组。

（一）决策层

决策层的主要职能是管理应急指挥部会商决策活动，针对灾情及时作出有效决策。决策层包括总指挥和副总指挥。总指挥主要是了解重要灾情；作出关键决策。副总指挥协助总指挥做好相关工作，负责指导综合协调组、宣传报道组，监督检查各工作组责任落实情况。决策层的具体行动包括：确保指挥部活动运行有序；掌握重要的灾情信息；理解灾情发展的潜在后果；及时作出决断；明确表达决心或意图；提出有效的干预对策；确保各组行动协同一致；有效沟通，化解潜在的不利社会影响。

（二）综合协调组

综合协调组的主要职能是分析、报告与传递灾情信息，评估当前事态与潜在风险，提出对策建议。具体行动包括：准确掌握最新灾情信息；充分利用地图处理灾情信息；完成事态分析与发展趋势预测；及时报告重要灾情；提出合理的对策建议；理解总指挥的决心和意图；及时制订和传达行动计划；及时向其他工作组通报或共享灾情信息；积极开展组内沟通或讨论；有力协调外部力量；等等。

（三）宣传报道组

宣传报道组的主要职能是发布准确信息，有效遏制和澄清谣言与不实信息传播，化解负面的社会影响。具体行动包括：准确掌握灾情信息；分析媒体舆情与发展态势；及时报告重要舆情信息；提出合理的舆情引导对策建议；理解总指挥的决心和意图；及时制定合理的舆情引导策略和采取舆论引导行动；准备媒体和公众关心问题的回应口径；及时向其他工作组通报或确认灾情信息；对外发布前后一致的灾情信息。

二、典型的指挥部工作流程

参演人员针对给定情况，通过信息传递、态势标示、个人判断、组内讨论、组间协调、集体会商、决策指挥、媒体沟通等活动开展推演，完成应急演练目标。

整个演练过程可以看成是导调组与指挥部之间相互传递信息而形成的一个逐渐推进的过程。这一过程可以划分为五个步骤。

步骤 1：描述已知信息

在演练主持人以可视化的形式（如视频展示或文字信息资料报送等形式）将一般背景信息和初始场景信息展示给所有参演者后，参演者要对信息进行描述。其方法通常是：由指挥部中的一名成员向所有成员简要陈述初始场景中反映的问题，并把关键内容记录下来，展示给大家。通过这一过程确保每个成员都清楚地了解所接收到的信息。

步骤 2：把握问题

详细分析突发事件所导致的问题，即从初始场景描述中发现有哪些需要解决的问题。

这里可以采用三轮提问法、头脑风暴法等形式提出问题，并进行记录。首先，指挥部每个成员就初始场景，从普通公民角度和职务角度提出所面临的问题；其次，对列举的问题进行补充，然后对问题进行分类和排序。

步骤 3：紧急措施

对指挥部而言，遇到需要紧急处置的特殊情况（即需要马上作出决策的事件）就要采取紧急措施，具体有：

- 在自己负责的领域中进一步搜集信息或要求现场提供进一步的

准确信息；

- 向上级部门紧急汇报；
- 启动应急预案或发出预警信息；
- 紧急咨询专业人员。

步骤 4：对动态信息进行研判并作出决策

指挥部针对每一条新信息都要采取如下步骤进行信息研判并作出决策：

（1）形势研判。指挥部成员对新形势所造成的影响、引发的问题及产生的后果等要进行详细的分析判断。如：

- 新情况意味着什么？
- 新情况对人（包括妇女、儿童等特殊人群）、环境和基础设施会产生什么影响？
- 新情况在未来一段时间（8 小时/24 小时/一周以后）会产生什么影响？
- 形势可能向着哪些方向发展？
- 谁能对形势判断提供支持？

…………

（2）应对措施的可行性分析。指挥部成员对形势进行分析判断之后，要对各自负责的领域提出建议，制定相应的处置方案。如：

- 下级单位需要哪些支持？
- 谁可以参与救援行动？
- 可以采取哪些行动？
- 这些行动的可行性及优缺点是什么？
- 这些行动的哪种排列顺序更有意义？

…………

（3）作出决策。指挥部成员对形势进行判断并对所要采取的行动进行可行性分析之后，便可对决策方案进行优缺点比较，作出最后的决策，选择一个相对可行的最佳方案。这要回答：

- 有哪些处置目标？
- 如何对处置目标进行正确排序？
- 谁来实施这些处置行动？
- 处置行动需要哪些手段（人力、物资、经费）？
- 以什么方式通知处置救援人员？
- 还有哪些备用的处置措施？

…………

在这一过程中，演练主持人要注意引导指挥部成员不要把眼光仅仅放在解决眼前的困难上，要把眼光放长远些，注意看到将来的问题，提前做好预防或准备。

步骤 5：下达指令

指挥部经过形势判断分析、确定救援目标、制定救援方案之后，要把任务分派下去，并对指令进行适当的描述。如：

- 基本形势；
- 处置目标；
- 详细指令（关键要素：谁、以什么方式、做什么、期限是什么等）。

指挥部是一个集体，要进行有效合作和密切配合，对于突发事件的形势要有共同的理解和判断。这一点很重要，因为指挥部的决策会直接影响到事态的发展和后果。

为了使演练顺利进行，演练主持人要在前置性的演练导入中向参演者介绍这些步骤内容，并要求参演者在演练时学习使用这些工作步骤。步骤 1、2 是在时间压力较小的情况下的分析式桌面演练环节，侧重对问题进行充分的分析，通常是模拟预警环节。步骤 3 是承上启下环节，相当于真实突发事件处置中的先期处置环节。步骤 4、5 是动态的递进式或交互桌面演练环节。此时指挥部紧张工作，不断完成主持人或导调员提出的任务，或者与外部角色不断互动，直至完成演练任务。

附录 4　德国指挥部工作守则

【按：在应急演练中，应急指挥部往往是演练的主要载体。鉴于我国尚无关于应急指挥部机构与工作流程的统一规范，这里给出德国行政指挥部守则，可供演练时设计应急指挥中心结构、规范指挥中心行为时使用。】

一、适用范围

指挥部工作守则根据×××部门的《消防工作规程 100》对指挥部行政组织部（下称行政指挥部）的组织结构和工作内容作出规定。

二、权限与职责

（一）权限

行政指挥部在政府机关范围内履行《组建行政组织部分指挥部（行政指挥部）指导手册》中所赋予的职责。其职权范围包括该政府机关负责的所有领域。

一般决策可由指挥部的工作人员作出。而协调各方观点或者进行具有根本性意义的决策则由政府机关负责人或者指挥部总指挥负责。

（二）职责

如果一个事件导致行政指挥部的组建，那么，该行政指挥部应完成所有与该事件相关的行政组织工作，尤其是：

（1）决策的准备工作；

（2）决策执行的安排工作；

（3）决策执行的监督工作；

（4）为参与合作的各机关和机关领导提供的咨询服务；

(5) 向各机关和公众通报信息的工作。

三、行政指挥部的召集

如果由于发生一个特殊事件而需要完成超出正常水平的大规模协调和决策工作时，便可以成立一个行政指挥部来完成任务。大型灾情和灾难发生时更是如此。

行政指挥部由附件 2 中的政府机关领导人或其代表、一位获得授权的工作人员、一个获得授权的单位进行召集。

关于结束指挥部工作的决定由政府机关领导人下达。

四、组织与划分（组成）

（一）划分

根据获得授权召集指挥部的工作人员的决定，行政指挥部将包括所有行动主管部门和专业知识部门的代表，它们应该进行密切而快速的合作。

如果政府机关领导人没有同时担任行政指挥部的总指挥，那么行政指挥部总指挥直接对政府机关领导负责。

行政指挥部通常按照附件 1 中的组织结构图进行划分，分为下列几个部分：

(1) 行政指挥部总指挥；

(2) 行政指挥部协调小组（协调小组）；

(3) 信息通报和媒体工作负责人（信息媒体）；

(4) 指挥部常设成员；

(5) 指挥部事件专设成员。

在行政指挥部里，相应部门具有决策权的代表作为指挥部的成员在一起合作进行决策。作出的决策则由政府的各个部门去实施。

（二）数据保护

对包含个人数据的记录和/或一旦公布就会妨碍指挥部工作的记录

应进行保密处理并添加相应的标识。此规定也适用于本指挥部工作守则中的附件 3、附件 4 和附件 6。

五、人员分配

（一）一般性规定

附件 3 对指挥部的人员分配进行了确定。任何由于职务调动而导致的人员配置方面的变动都应主动告知主管工作人员。

应保证资料随时更新，尤其是接受任命的工作人员的联系方式。

在事件发生时，协调小组“内部事务”部的领导有权在征得主管领导的同意后，任用政府机关里的任何一名工作人员到指挥部参与工作。

在为行政指挥部工作期间，指挥部的工作人员无须履行其他职责。

指挥部的工作时间由协调小组“内部事务”部的领导与指挥部总指挥协商后确定。本机关的工作人员在为指挥部工作期间不能享受有关弹性工作时间的规定。

（二）指挥部事件专设成员

应为所有可能被召集到指挥部担任事件专设代表的人员、部门、机关以及私人机构、国家机构编制一份名单，名单中特别要列出工作时间之内和之外的联系单位及联系方式。

发生特殊事件时应召集更多专业人员进入指挥部。

（三）发出警报

接警中心根据附件 4 向行政指挥部发出警报。

（四）工作地点安置

行政指挥部在附件 5 规定的工作地点内开展工作。指挥部会议也在同一地点召开。

（五）联系方式

指挥部在召集组建之后应通过协调小组“内部事务”部门进行联系。指挥部各部门和成员的联系方式表在附件 6 中。

六、功能与职权

（一）指挥部总指挥

（1）领导行政指挥部；

（2）有权向指挥部的成员下达指令；

（3）在现有信息基础上作出决策；

（4）确定工作目标；

（5）对原则上由各成员独自负责的工作进行协调；

（6）确定指挥部召开会议的时间并主持会议；

（7）获取一切必要的信息和报告；

（8）向上下级单位传达重要的信息和决策；

（9）决定是否召集更多的人员加入指挥部。

（二）行政指挥部协调小组

行政指挥部协调小组由“内部事务”和“灾情与记录”两个部组成。

1. 协调小组“内部事务”部

协调小组内负责“内部事务”的工作人员主要承担下列任务：

（1）人员预备。

- 根据指挥部总指挥的要求向指挥部成员（常设成员和专设成员）发出警报；
- 安排换班和代班等事务；
- 预备辅助人员，如通信员、书记员、司机等；
- 根据指挥部总指挥的要求召集更多人员加入指挥部。

（2）组织。

- 制定并更新指挥部工作守则；
- 编制并更新需要发出预警的人员名单和联系方式表；
- 规定运行组织工作；
- 组织培训和演练。

（3）运营管理。

- 安排并准备指挥部会议；
- 接待来访者。

（4）确保指挥部的工作能力。

- 管理指挥部的工作场所，并在必要时确保工作场所的安全（分发证件等）；
- 为指挥部工作场所配备工作资料和办公用品；
- 为指挥部提供后勤服务；
- 与信息通报和媒体工作负责人协商设立新闻中心。

（5）信息和通信。

- 预备信息和通信工具（例如数据处理技术、因特网、电子邮件、电话、传真、移动电话、无线对讲机等）；
- 确保作为联系中心的指挥部始终保持联系畅通；
- 接收并传递进、出指挥部的消息。

2. 协调小组“灾情与记录”部

协调小组“灾情与记录”部主要负责：

（1）信息获取。

- 获取、收集和分析评估灾情信息和报告。

（2）灾情。

- 确认并描述当前和预期的总体灾情情况；
- 对灾情发展预测进行描述；
- 帮助个别成员进行专业灾情描述；
- 在指挥部会议上做灾情报告。

（3）记录。

- 记录灾情发展；
- 记录媒体报道；
- 记录重要的信息和报告；

- 撰写救援日志；
- 记录救援人员的工作作为其参与救援的证明。

（三）信息通报和媒体工作负责人（信息媒体）

信息通报和媒体工作负责人的职责是：

（1）对媒体机构的协调、接待和信息通报。

- 编写新闻发布稿；
- 组织新闻发布会。

（2）按照指挥部的要求编写并向民众发布官方信息和行动指令（广播、电视、印刷媒体、网络）。

（3）分析评估媒体报道。

（4）与政府主管部门合作管理媒体发布中心。

（5）协调市民热线的设立和管理工作。

- 在媒体中公布热线号码；
- 编制并更新由指挥部商议的问答手册；
- 将问答手册发给所有可能会受到民众咨询的单位（例如消防、救护中心和警察局的接警中心，政府机关的电话中心等）。

（四）指挥部常设成员

指挥部常设成员是指必须参与执行任务的机关、部门或第三方派出的具有决策权的代表，通常包括以下机构部门的负责人：

- 治安；
- 领导指挥部（联络人）；
- 灾难应急；
- 卫生健康；
- 环境；
- 警察；
- 社会福利。

常设成员的职责是：

（1）编写专业灾情报告并从专业的角度对事件进行评估；

（2）从自己的视角描述问题和危险，并为采取有效措施拟订出方法和建议；

（3）在指挥部会议中从专业角度介绍灾情并将其交由协调小组“灾情与记录”部进行描述；

（4）为处理事件或限制损失的行政措施决策做准备，并且安排这些决策的实施；

（5）记录重要的和根本性的指令与决策并将之转发给协调小组“灾情与记录”部记录备案。

（五）指挥部事件专设成员

指挥部事件专设成员主要来自：

- 本地区政府的下属部门，特别是财政部门；
- 机关（例如林业局）；
- 乡镇；
- 精通专业的第三方（例如消防局、救援组织、德国技术救援署、联邦国防军、能源供给企业和短途客运公司等）派遣的具有决策权的代表。他们具备很好的专业知识，可以提供对决策具有重要意义的信息和措施建议来帮助处理事件。

专设成员的职责是：

（1）对自己专业领域内能够认识到的问题和危险进行描述；

（2）为采取处理事件的有效行政措施提供方法和建议；

（3）在指挥部会议中做专业灾情报告并将其交由协调小组“灾情与记录”部进行描述；

（4）记录重要的和根本性的指令与决策并将之转发给协调小组“灾情与记录”部记录备案；

（5）作为和其派遣单位、机关或机构进行联系的联络人。

七、工作程序

（一）记录/日志

协调小组“灾情与记录”部应该按照时间顺序在一份日志中记录由行政指挥部发出的重要信息、决策、措施和安排。此外，指挥部成员应该为每一份重要的信函和附注都制作一份副本，交给协调小组“灾情与记录”部作为日志的附件，并且还应将重要的事件向日志撰写人进行口头汇报。

所有在指挥部投入工作之前完成的书面记录也是日志的组成部分。

（二）指挥部会议

指挥部会议的作用是向指挥部成员通报灾情并进行决策准备工作。会议在指挥部总指挥的安排下定期或根据需要召开。

指挥部会议的与会者为：

（1）指挥部总指挥；

（2）指挥部常设成员；

（3）根据安排，指挥部事件专设成员；

（4）协调小组“灾情与记录”部的代表。

指挥部的会议内容是协调小组“灾情与记录”部所做的灾情报告和各成员的报告。这些灾情报告能够让指挥部对总体灾情作出判断，是对将要作出的决策进行表决的基础。

指挥部的会议结果应进行书面记录，记录副本应及时交给指挥部的所有成员。

八、公关工作

（一）权限

全部公关工作均由信息通报和媒体工作的负责人进行协调。信息发布的内容和方式应在指挥部内部协商统一，必要时还应与其他相关单位协商统一。

（二）新闻发布会

新闻发布会由政府机关领导主持，由信息通报和媒体工作负责人协助举办。

九、最后条款

本指挥部工作守则及附件 1—6 于 2003 年 1 月 1 日起生效。

同时自 1990 年 1 月 1 日起生效的指挥部工作守则停止执行。

◆ 附件

附件 1：行政指挥部的结构划分

行政指挥部总指挥				
事件专设成员（内部）	常设成员（内部）		常设成员（外部）	事件专设成员（外部）
部门 （尤其是财政部门）	治安 领导指挥部（联络人） 灾难应急 卫生健康 环境 社会福利	行政指挥部协调小组 —内部事务 —灾情与记录 信息通报和媒体工作	警察	机关 （例如：林业局） 乡镇 通晓专业的第三方

附件 2：有权召集行政指挥部的人员

预警期（信息通报阶段，只有指挥部总指挥、协调小组和常设成员）

1. 政府机关领导人
2. 警务执行机关/领导指挥部的总指挥
3. 具名指定有权召集指挥部的人员

警报期（召集阶段，指挥部总指挥、协调小组、常设成员和专设成员）

1. 政府机关领导人

2. 具名指定有权召集指挥部的人员

附件 3：指挥部的人员分配

职责	**成员**	**代表**
指挥部总指挥	AA 电话：54321	BB 电话：54324
信息媒体		
负责人		
工作人员		
行政指挥部协调小组		
内部事务		
负责人		
工作人员		
灾情与记录		
负责人		
工作人员		
指挥部常设成员		
治安		
领导指挥部（联络人）		
灾难应急		
卫生健康		
环境		
警察		
社会福利		
指挥部事件专设成员 参见单独的名单		
指挥部辅助人员		
书记员		
通信员		

附件 4：向指挥部成员发出警报

由各政府机关自行规定。

附件 5：指挥部空间规划

根据当地情况对行政指挥部房间进行规划布置。

附件 6：联系表

部门/成员	电话	传真	电子邮件
指挥部总指挥			
信息媒体			
负责人			
工作人员			
行政指挥部协调小组			
内部事务			
负责人			
工作人员			
灾情与记录			
负责人			
工作人员			
指挥部常设成员			
治安			
领导指挥部（联络人）			
灾难应急			
卫生健康			
环境			
警察			
社会福利			
指挥部事件专设成员			
参见单独的名单			
指挥部辅助人员			
书记员			
通信员			

附录 5 美国标准化应急指挥体系

【按：在应急演练中，应急指挥部往往是演练的主要载体。鉴于我国尚无关于应急指挥部机构与工作流程的统一规范，这里介绍标准化的、使用广泛的美国现场指挥部规范，可供演练时设计现场指挥部结构、规范现场指挥部行为时使用。】

一、基本概念

在美国应急管理体系中，标准化的现场应急指挥体系 ICS（Incident Command System）是一个重要组成部分。ICS 是一个实施应急指挥的工具，具有标准化、弹性化的结构，即不论事件大小、事件类型，还是事前计划、事发应对都可以普遍适用。起初 ICS 的思想源于美国军方指挥方法，在 19 世纪 70 年代后由加州一些应急组织进行了改良，然后在实践中不断完善，并成为美国应急管理中采用的标准指挥体系。

在 ICS 中，规定了应急的角色、组织结构、职责、程序、术语和实际操作的表格等，使应急指挥过程明确、有序、高效。在其组织结构中，设一名指挥员，并将指挥组织划分为指挥成员和参谋成员，其构成如附图 5－1 所示。在 ICS 中，对各个部门职责和职位职责都进行了明确的规定。例如，指挥员（IC，Incident Commander）的职责为管理整个事件应急过程，保证应急行动安全，沟通协调各涉及机构，评估各部门需求，设定应急目标，编制批准行动方案。

指挥成员主要协助指挥员，包括三个职位。

（1）公众信息官。负责公众沟通和媒体信息发布，保持与计划部和有关机构的沟通联系，搜集整理与事件有关的准确、详细的信息。

（2）安全官。负责安全监控与评估，确保应急行动和应急人员安

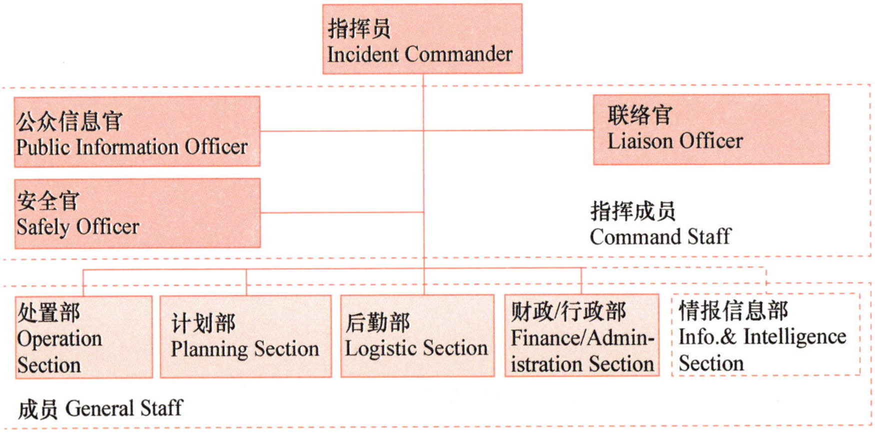

附图 5－1　美国应急指挥体系 ICS 的组织结构图

全，有权终止不安全的应急行动。

（3）联络官。负责与涉及的外界各部门、机构、私人组织的联络协调。

参谋成员负责应急过程涉及的功能职责，主要由四个部组成。

（1）处置部。负责指挥、协调战术层面应急行动，考虑相对短期的应急行动，往往使用了最多的应急资源。

（2）计划部。负责态势监控、预测分析、资源跟踪、计划方案制订，考虑相对中长期的应急行动，制订人员轮换计划以及与专家进行沟通。

（3）后勤部。负责应急队伍的通信保障、食品医疗保障、设施补给和交通运输保障。

（4）财政/行政部。负责监控应急过程产生的人力、物力，管理采购过程。

最近，根据突发事件对信息情报的需求，又增加了情报信息部，既可以单独作为一个部门，也可以列在计划部下作为一个处。

按照应急管理体系的规定，在应急时，首先要根据 ICS 的要求成立应急指挥的有关组织，建立指挥链。为适应突发事件的复杂性，ICS 的组织机构具有扩展性和弹性，各部还可以向下细分“分部”“分区（地域上)/组（功能上)”“小队”等层次，从而构成从指挥者到基层应急队的组织体系结构。

为保证计划方案的顺利制订，ICS 中还规定了计划制订和不断修订、推进需要经过的程序，称为计划“P 模型”。它形象地包含了应急初始阶段和循环推进阶段，通过一轮轮的情况通报和会商沟通，制订完善阶段行动方案，开展应急行动。

二、联合指挥机制

ICS 中一个重要机制是“联合指挥（UC，United Command)”。当事件涉及多个部门或多个辖区时，为更好地协调应急资源和行动，需要采用联合指挥的方式。当需要进行联合指挥时，指挥体系各个组织可以由多个政府机构人员组成，可以由多个部门人员进行联合指挥（可设一名联合指挥员）。这种联合指挥的方式，大大促进了应急指挥的协调性和资源配置的统筹。它具有如下特点：一是形成了统一的指挥机构；二是实现了统一目标和协同工作；三是利于统筹考虑应急计划；四是共同使用计划、后勤、财政/行政等部门；五是协调应急资源的调度。例如，当事件涉及 A、B、C 三个地域（或部门）时，实施联合指挥的 ICS 组织结构如附图 5－2 所示。

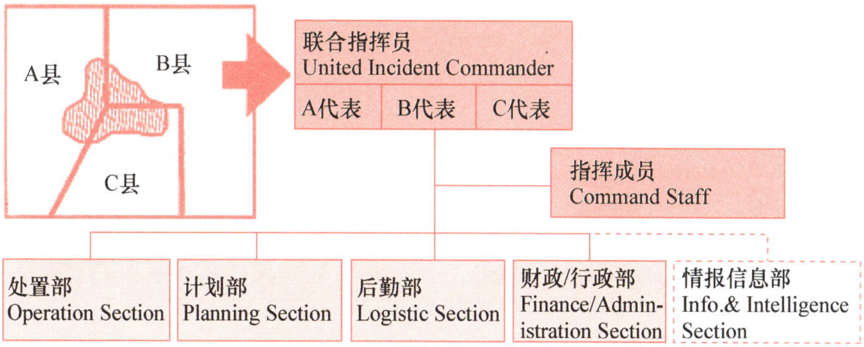

附图 5－2　ICS 在实施联合指挥时的组织结构图

此外，根据事件复杂程度的不同，在地域上复杂性较高时，还可以采取“区域指挥”，在几个地方的指挥员上层设区域指挥员，协调该区域的应急指挥工作。

三、政府应急办、州长与指挥员的关系

值得指出的是，ICS 是一个主要面向现场应急的指挥体系，指挥员负责组织应急活动，但并不负责政策层面和全局性重大策略的制定。比如在州一级，指挥员上层还有应急运行中心（应急办）和政策层（州长及高级幕僚），如附图 5-3 所示。换句话说，指挥员及向下的指挥体系部分偏重应急的前方工作，须向后方的应急运行中心 EOC 报告有关情况和现场信息。一般情况下，应急运行中心对应 ICS 的组织结构也设置相应人员，在应急组织上形成与现场的映射关系，为前方提供各类协调和资源支持，并将重要事项提请政策层决策。无论是应急运行中心还是指挥员，都必须遵循政策层的原则目标，并形成执行方案，从而具体实施。

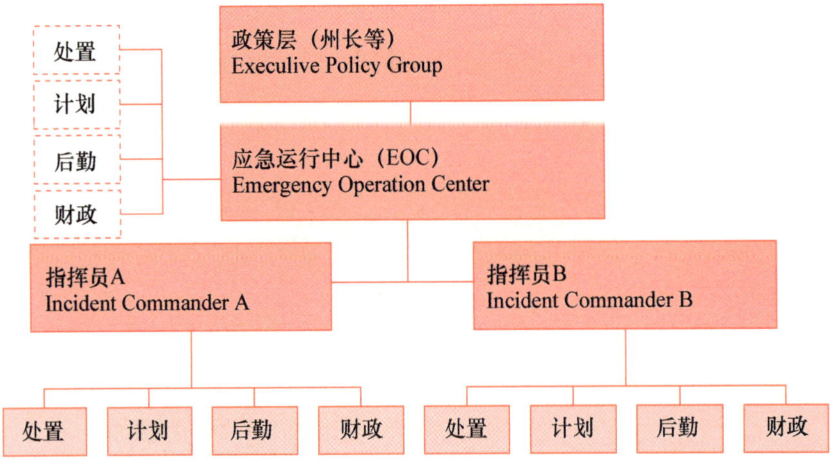

附图 5-3　应急办、州长与指挥员的关系图

主要参考文献

［1］国务院应急管理办公室．突发事件应急演练指南．2009．

［2］北京市应急管理办公室．北京市突发事件应急演练实施指南．2012．

［3］中国地震局．地震应急演练指南．2011．

［4］德国联邦应急管理学院．应急管理师资培训班教学资料（2010—2012）．

［5］李雪峰，等．应急管理演练式培训．北京：国家行政学院出版社，2013．

［6］美国联邦应急管理署．国土安全应急演练与评估指南．2013．

［7］美国联邦应急管理学院．专业演练师培训资料．2016．

［8］国家行政学院．中欧全景式应急实战演练资料汇编．2016．

［9］王如意．突发事件应急演练与处置对策．天津：天津人民出版社，2011．

［10］夏宝成，张小兵，王慧彦．突发事件应急演习与演习设计．北

京：当代中国出版社，2011.

［11］赵勇，高玉峰. 美国国土安全演习与评价计划. 北京：地震出版社，2012.

［12］BRITISH STANDARD INSTITUTE. Exercising for excellence，delivering successful business continuity management exercises. 2008.

［13］WALTER G. Green Ⅲ：exercise alternatives for training emergency management command center staffs. Universal Publishers，2000.

［14］WORLD HEALTH ORGANIZATION. Emergency exercise development. 2010.

后　记

2009 年，国家应急管理人员培训基地（即现在的国家行政学院应急管理培训中心）设立伊始，就承担着国务院赋予的国家应急管理教学培训中心、政策咨询研究中心、国际交流合作中心的使命。推动应急演练事业的发展是其重要的工作内容。本书就是在这样的大背景下酝酿、成形的。

2010 年起，笔者担任中德应急管理合作项目的应急演练子项目协调人，与来自国家行政学院和若干省市行政学院的教研人员一道，开始了为期两年多的应急演练教学方法学习与研究工作。这期间，我们通过一次赴德学习和七次国内学习，系统学习了德国联邦应急管理学院的应急演练教学咨询方法，开发了一系列桌面演练课程，开展了一系列应急演练教学和应急演练方法教学活动。2013 年，作为此项工作的总结，我们出版了《应急管理演练式培训》一书。

2010 年至 2013 年，笔者作为中美应急管理合作项目的协调人，又参与了一系列对美国应急演练方法的学习活动。从 2011 年起，我们在国内共组织三次美国专业演练师培训活动。2011 年底到 2012 年初，我又赴美学习研究应急演练近半年，获得美国联邦应急管理署“专业演练师”资格证书。

在上述工作的基础上，2014 年，我们成功申请到了国家“十二五”科技支撑研究项目“国家应急演练仿真服务平台及其应用示范”。在项目执行过程中，笔者承担了其中的“应急演练方法与流程研究”部分。本书正是在这一项目的直接推动下完成的。

本书与本套演练指南的其他书一样，目的是要回答怎样为应急管理界提供一套可供参照的、规范的应急演练方法。经过多年的应急演练学习、研究与咨询实践，我们不断提炼思想、修正概念，形成了本书。

本书的撰写经历了一个长期的过程，也是集体努力的成果。其基本概念与方法早在编撰《应急管理演练式培训》一书的过程中即开始酝酿。国家行政学院王彩平副教授、李宇副教授等起草了有关演练实施的内容。2011 年在赴美学习应急演练方法的过程中，笔者起草了本书的部分初稿。2014 年，中国气象干部学院段永亮副教授起草了演练前准备相关内容。此后，王彩平副教授对本书进行了认真的审订。笔者多次在国家行政学院、中国应急管理学会的培训班、研讨会上讲授和发表有关内容，得到学员和与会代表们的各种有益反馈。可以说本书内容的表述是审慎的，所介绍的内容基本能够符合应急演练实际工作需要。

在相当意义上，本书是中国应急演练实践探索的结果，我们要感谢应急管理实践者！本书在形成过程中也得到了许多学院内外专家的指导与启发，我们对他们表示衷心的感谢。

国家行政学院应急管理培训中心多年来在组织应急演练相关工作中积累了大量素材，有关地方和部门也积累了大量宝贵经验。本书引用和借鉴了很多相关资料，我们向这些资料的提供者表示衷心的感谢。

当然，限于能力水平和实践上的局限性，本书不会是完美无缺的，书中的不足之处还请方家批评指正。

李雪峰

2018 年 2 月于国家行政学院

图书在版编目（CIP）数据

应急演练实施指南/李雪峰主编. —北京：中国人民大学出版社，2018.4
（公共安全应急管理指南丛书）
ISBN 978-7-300-25291-9

Ⅰ.①应… Ⅱ.①李… Ⅲ.①突发事件-处理-研究-中国-指南 Ⅳ.①D63-62

中国版本图书馆 CIP 数据核字（2017）第 314684 号

公共安全应急管理指南丛书
应急演练实施指南
李雪峰 主编
Yingji Yanlian Shishi Zhinan

出版发行	中国人民大学出版社		
社　　址	北京中关村大街 31 号	邮政编码	100080
电　　话	010－62511242（总编室）		010－62511770（质管部）
	010－82501766（邮购部）		010－62514148（门市部）
	010－62515195（发行公司）		010－62515275（盗版举报）
网　　址	http://www.crup.com.cn		
	http://www.ttrnet.com（人大教研网）		
经　　销	新华书店		
印　　刷	天津中印联印务有限公司		
规　　格	170 mm×240 mm　16 开本	版　　次	2018 年 4 月第 1 版
印　　张	8.25	印　　次	2022 年 2 月第 3 次印刷
字　　数	105 000	定　　价	32.00 元

版权所有　侵权必究　　　印装差错　负责调换